刘晓寒 著

奶奶家

中原出版传媒集团
中原传媒股份公司

海燕出版社

图书在版编目（CIP）数据

奶奶家 / 刘晓寒著 . — 郑州 ：海燕出版社，2018.11

ISBN 978-7-5350-7706-6

Ⅰ . ①奶… Ⅱ . ①刘… Ⅲ . ①随笔 – 作品集 – 中国 – 当代 Ⅳ . ① I267.1

中国版本图书馆 CIP 数据核字 (2018) 第 220506 号

出版发行：海燕出版社
郑州市北林路 16 号（450008）
电　　话：0371-65734522
经　　销：河南省新华书店
印　　刷：河南瑞之光印刷股份有限公司
开　　本：710 毫米 ×1000 毫米　1/16
印　　张：15
字　　数：210 千字
版　　次：2018 年 11 月第 1 版
印　　次：2018 年 11 月第 1 次印刷
定　　价：58.00 元

用一年的写拍与你说再见
然后用一生的光阴来怀念

福

APRIL

4
单元
移动光宽带已覆盖
移动用户月消费58元
宽带免费用
5566 7150

单元

生活不在别处

乖妞：

明天就要去北京接你了，为期一个月的专业课培训即将结束。尽管在你上高中开始住校时，我就告诉自己，从此要习惯与你聚少离多的状态，但整整一个月不见，还是将近18年来最久的一次分离。

昨天又在新海岸待了一天，总算盯着把《奶奶家》的240余幅图片基本安放到位。由于这是一本文图并重的书，要在你建好的图片库里选择用于书中的图，所以要把文章一篇一篇地再滤一遍，仿佛把这一年的日子匆忙而又仔细地又过了一遍，时时感喟：原来12个月承载的东西可以有这么多。

还是在三四年前吧，有天晚上，当我习惯地想要看看你最近的作文，你拒绝了——你拒绝让身为报社总编、以文字为生的老爸再为你辅导作文！理由是，听从老爸建议修改后的作文，往往在考试中得不到高分。你说："我也觉得你每次的建议都很有道理，可老师担心这种写法用在考试上不行……"

回头想想，我给你的建议很离谱吗？不就是要用自己质朴的语言，记录身边真实的生活吗？这样的作文在考试中通不过，那么你的天性、你的文采岂不是要被考试消磨殆尽吗？我自然无法接受这种宿命，与你探讨解决之道。既然在学校的作文必须循规蹈矩，那么我们就另辟蹊径，在家里写一写命题作文之外的文字吧。

好在你始终认可老爸的思路。你没有纠结于写还是不写，而是直接问我："那我再写些什么好呢？"

在我上大学时，读过米兰·昆德拉的小说《生活在别处》。他的观点是："当生活在别处时，那是梦，是艺术，是诗；而当别处一旦变为此处，崇高感随即便变为生活的另一面：残酷。"

对此，我不以为然。我分明看到、也感受到了，在我们日日生活其中的"此处"，从来不缺美好、不缺崇高、不缺感动、不缺温情。又想到倪萍的《姥姥语录》、焦波的《俺爹俺娘》，写的、拍的不都是"此处"柴米油盐般的感动吗？

"要写，就写你最熟悉的生活。"我给你建议。

"我最熟悉的生活，就是学校、家，还有奶奶家……"你边想边说。

"哪里最有你常说的'烟火气'呢？"我追问。

"那肯定是奶奶家咯！——对，就写奶奶家！并且我还要拍奶奶家！"彼时，摄影已经从你众多的兴趣爱好中脱颖而出，上升为你的最爱。

去年春天，我为你写的书《爸爸哪儿也不去》出版，我便就势鼓励你：如果你能坚持写一年，也可以出本书。

当我们议定这个选题的时候，你已经上了高中，时间越来越紧张；而这边，随着老爸的单位北迁，奶奶家也要搬家了，我们住在老房子里的日子也进入了倒计时。

《生活在别处》中还说："遇见是一个开始，离开却是为了遇见下一个离开。这是一个流行离开的世界，但是我们都不擅长告别。"

也不尽然吧。比如，你就再次呼应了我的鼓动，决定以一本图文并茂的《奶奶家》，与你生活了将近 18 年的这个奶奶家郑重告别。同时用自己的文字和镜头验证着：生活从来不在别处，生活就在眼前、就在脚下、就在身边、就在心间。

一个又一个日夜，我不时陪你走走拍拍，一起重新打量"此处"，也重新认识我们本以为熟识无比的生活。

一个又一个周末，我定时帮你上传博客，不断地加重“人间烟火”的色彩，也不断发现彼此身上的短板和成长的印迹。

秋去。冬来。春回。夏尽。在四季不变的轮回中，我见证着你，以一周一篇的节奏，写了一年，拍了一年，逐渐有了一本书的容量和模样。

“写一篇文章也许没什么，但结集成一本书就有了分量。做任何一件事也许都没什么大不了的，但能坚持做一年就有了意义。”这是我在《爸爸哪儿也不去》后记里写的话，用在《奶奶家》，也恰如其分。

52篇文章，要说按时间排列，是最能形象地记录一年间心路历程的。只是担心读者会觉得脉络不那么清晰，于是商量着，还是归一下类吧——从拥有3500年历史的“皇城根下”，走到满是烟火气息的“顺河路上”，端详本身就是故事的“爷爷奶奶”，笃信纵然山重水复必定“身后有你”……写来写去，拍来拍去，字里行间，光影内外，始终不变的是“家的味道”。

乖妞，《奶奶家》面世的秋天，正是你18岁的生日之际。在瞬息万变的新媒体时代，你以一年的跋涉和坚持，为自己准备了一份散发着浓郁墨香的成人节礼物——还有什么比这个更有纪念意义呢？

这是你的第一本书，应该也是老爸一步一步陪你完成的唯一的一本书。以后，你应该还会出书吧，可我却不会再这样如影随形。我会悄悄地退到不远处，默默地注视着你在人间烟火中摸爬滚打，悲喜着你的悲喜，骄傲着你的骄傲。

老爸

2018年8月

目录

皇城根下

顺河路上

爷爷奶奶

身后有你

家的味道

城东路

皇城根下

商代遗址：
“皇城根下”的历史感

一提起“皇城根儿”，人们最先想到的一定是——京城，我也一样。那些上了些年纪的“老北京”，总会操着京腔，说自己是在“皇城根下”长大的。不管他对脚下这片土地的历史了解多少，但只要说到“皇城根儿”，总归是让人骄傲、值得嘚瑟的。

北平、金陵、长安、汴京……自古至今，这些城市的名号，往往是与“古都”一同出现在人们视线里的。一代代文豪用各种风格的文字记录着这些古都的变迁，一众导演也纷纷用镜头向人们讲述着古都的传奇故事。

全国的古都总共有八个，河南一省就占了一半：安阳、洛阳、开封，还有郑州。然而，长年生活在郑州老城区的人啊，又有多少知道自己也是真真正正地住在“皇城根下”呢？

中国商代最早的都城遗址，就在郑州市的管城区，我的奶奶家基本上在郑州市金水区的最南边，与管城区毗邻，因而与商代遗址不过数步之遥。

郑州商代遗址的总面积约有25平方公里，在先周时期，它的规模仅次于大名鼎鼎的殷墟。我查了一下资料，商城外城墙最早的建造年代大概是公元前1500年，公元前后的两头一加，算起来距离今天已经有3500多年的历史了。

第一次走近商代遗址，是我上初中的某个暑假，还是为了完成老师布置的社会实践作业，虽然那里离奶奶家只有不到10分钟的路程，如今想来，确实有点汗颜。

所谓的商代遗址，其实就是一段土垒的古城墙。后人专门在此建了个纪念碑，临着的路就叫“商城路”。

我不知道该用什么词汇形容对遗址的印象。那天傍晚，夕阳西下，我小心翼翼地爬上古城墙，只见这里荒草丛生、杂树疏立，仿佛许久无人打理。酷暑时节，却仿佛置身深秋初冬，让人顿生苍凉悲怆之感。望着眼前这萧瑟的景象，我一时很难把它与电视剧中奢侈浮华、纸醉金迷的皇城连在一起。

文庙、城隍庙、北大清真寺、书院街、亳都古巷、开元寺、夕阳楼、商都博物院……郑州要在商代遗址上建个大公园，据说投资近百亿，要历经10年建成，这些蒙着历史风尘的地名逐渐被人们重新认识。正如诗人陈运和的作品里所写："七公里长的商代古城墙/一根能挑起郑州历史的扁担/3500多年的延绵不断/3500多页的树碑立传……考古价值无法估量/现代的目光/莫轻视这残壁残垣。"

从小到大，看过不少遗址，也进过不少博物馆，却几乎没人跟我提起过，我就住在"皇城根下"，距离商代遗址这座巨大的文化宝藏如此之近。直到这次要写《奶奶家》，爸爸才郑重地建议我写写商代遗址，写写这"皇城根儿"，写写"城东路"……

也是直到这个时候，我才恍然大悟，原来奶奶家西边那条"城东路"，意思就是——"商城东边的路"。那可是一条初中时我上学天天都要经过的路，一条看上去与中国大多数城市里的大多数街道没什么两样的路，而今再一次走，却有了不一样的感受——这就是人们常说的历史感吧？

紫荆山公园：存有我小时候的样子

紫荆山公园，与奶奶家一路之隔，自然是我去过次数最多的公园。那里面不仅有郁郁葱葱的各种植物，而且能避开外面的人流与车流，是附近老人和孩子放松散心的不二选择。如果让我用一个词形容紫荆山公园，我想，应该是“回忆”吧！

从城东路与顺河路的交叉口进入紫荆山公园，映入眼帘的是一块形似月牙的水池，和一扇拱形的石门。拱形门上零零星星有几处镂空的装饰，有圆形、三角形，还有的像一只花瓶。深冬时节，水池旁边没什么孩子在玩耍，只有几位老奶奶坐在水池边的长椅上练习着合唱。

但有些记忆似乎不需要搜索，看到那扇拱形门，时间便被拉回十几年前的那个夏天。那时才两三岁的我长住奶奶家，离奶奶家不过 300 米的紫荆山公园，就是我的儿童乐园。我喜欢把身子缩成一团坐在圆形的镂空上，让自己“镶嵌”在拱形门上。如果爸爸妈妈有兴致参与，便与他们分别站在门的两侧，玩躲猫猫的游戏。

再往里走，是那条临着金水河的小路。路很窄，窄到两人并排走都稍显拥挤。路的南侧是人造假山，上面的植物一看就有些年头了，有的已经长得几乎要挡住路。但这并不影响人的通行，所以公园的维护人员也不想打扰它们自然生长。路的北侧是栏杆，河边有一棵叶子已经掉光的老树。我的手机有一个功能，可以让拍出来的照片直接是黑白色的。眼前的场景，不用刻意修饰，就是一幅极好的水墨画。

那天，我和妈妈在小路上一前一后地走着，迎面走来了一对母女。女儿看起来没多大，穿了一件粉色的羽绒服，拉着她妈妈的手。妈妈示意我

吉祥 葫芦保平安

赶快拍下来，并说："这就是你小时候的样子。"

穿过一条不宽的马路，便到了紫荆山公园的西区。在郑州人的印象里，似乎这边的公园更出名些。因为它有老城区人人皆知的紫荆山广场，路北就是每年各大会议的举办地人民会堂，还有我永远也绕不明白的紫荆山大转盘——官方的名字叫"金水立交"。

公园里有许多临时支起的摊位，有的捏糖人，有的卖烤红薯，有的全是些杂七杂八的小玩意儿，最受孩子们喜欢的是填色游戏。看到小孩子坐在寒风里专注地给图案着色，妈妈感叹道："你小时候就跟他们一样，大冬天的就坐在那儿填色，怎么叫都不走，我们家长也跟着在风中受冻。好像这个年龄的孩子都有这爱好……"

一瞬间，我似乎明白了自己为什么老爱怀念过去，也又一次理解了"触景生情"的含义。触的什么景？生的什么情？还不是因为在某个场景里的某个人身上，忽然看到了自己的影子。

可能这就是想学编导、摄影的缘故吧，重新走过儿时玩耍的地方，我特别想把刚刚的所见、所听、所想拍成影片。那镜头的跳转变换，稍显怀旧的滤镜，再配上一段符合心境的音乐，可能会比这白纸黑字来得更生动些。影片的开头我都想好了——

远景：冬日的紫荆山公园。

拉近：一个穿着红色羽绒服的小女孩跌跌撞撞地走来。

画外音："乖妞，这就是你小时候的样子。"

金水河：
记忆在河水里泛着金光

尽管紧临黄河，可郑州总体来说仍然是个缺水的城市，市里没有几条河，大概一双手都数不完。其中，流经市中心的金水河，算是比较有名的一条。

奶奶家在金水河的南岸，院门前的顺河路，“顺”的就是金水河。

为什么叫金水河？惭愧，在这河边生活了十几年，此前我还从来没想过这个问题。于是，去问度娘。“2500 年前，春秋时期，如今郑州一带的郑国，有一位著名的政治家子产。在他执政的 26 年间，励精图治，廉洁奉公，为老百姓办了一件又一件的好事。子产去世时，老百姓为了纪念他，纷纷拿出自家的金银首饰为其送葬。子产的子女不接受，百姓便将金银首饰投到河中，这条河也因为珠宝的绚丽光芒泛起了金色的斑斓，从此得名金水河。”看来，金水河也可以成为廉政教育的基地了。

这些，都是我在要写这篇文章时才初步了解到。从在爸爸妈妈的牵引下蹒跚学步，到陪着爷爷奶奶到河边运动，它就是家门前的一条河，普通，而又亲切。在奶奶家生活的时候，金水河自然就成了茶余饭后我们一家人消食放松最爱去的地方。

如今想来，金水河的夏夜是多么美好：有晚风轻轻吹过脸颊，有霓虹闪烁调节夜色，有孩子们的嬉闹和欢笑，也有狗狗与主人的依偎与追逐……然而，初中时的我是那么的不识趣，晚饭后，从饭桌边起身，就又直接坐到书桌前。每到此时，爸爸就会来敲我的门：“石榴，起来活动活动再学习，刚吃完饭就坐到那儿，对身体不好！”“哎哟，不要，我作业可多！”这是我百年不变的理由。这样一来二去，爸爸便摸透了，在这件事情上跟

我讲道理是没有用的，于是改变了策略——

“乖妞，我要下去买瓜子，你要不要一起去，挑一样你爱吃的？”

“好啊——等我换一下衣服！”

就这样，爸爸顺利地将我“拐”出了门，而且屡试不爽。出了院门，爸爸并不径直朝西边那家瓜子店去，而是拉着我的手往东走，慢悠悠地走过热闹的顺河路，走到金水河旁。

——套路，都是套路！可是既然都已经出来了，就听之任之吧。

天黑了，金水河旁没什么灯光，貌似也不需要有什么灯光。在作家的笔下，这也许就是所谓的“意境”。这样的意境最适合夏夜，最适合谈心，当然，也很适合运动。河边的健身器材场，是奶奶每天上午必定眷顾的地方。只是她年龄大了，眼神不好，晚上一般不出来。

起初，我们还只是自己悠闲地散散步。后来，在紫荆山公园里的那段金水河边，我们发现了一个健步走的团队。每晚 7 点半，他们准时聚齐，穿上统一的队服，再配上《中国人民解放军进行曲》的进行曲，雄赳赳，气昂昂，步伐整齐地沿河行走，成了金水河边一道壮观的风景。

被这氛围所吸引，我们也跟着走。因为走在前面的，都是身着队服的，俨然“正规军”；跟在后边的，穿着平常的衣服，一看就是“群众”。后来，我们也订购了队服，每晚理直气壮地走在前列，浑身散发着找到队伍的自豪感。写到这里，耳边还能清晰地回响起军歌的旋律：“我们是一支不可战胜的力量……”

这个春天，奶奶家搬离了顺河路，金水河远远地退到了我们的后方，很少有机会再亲近。奶奶的新家旁边也有一条河——东风渠，眼下正在整治；再往南一些，还有一条大河——贾鲁河，目前也在治理。应该不会等太久吧，等这些河治理好了，晚饭后，我们拉着手来到河边，夕阳西下，看那些夏日的记忆在河水里泛着金光。

人民会堂：
一个有着神奇魔力的舞台

“好的！ 5号机准备！”

“切3号机，稳、稳、再稳一点！”

“1号、2号机抓观众表情，注意观众情绪！”

在河南电视台的导播车里，导播正对着眼前铺满一面墙的小屏幕激动地发出号令，那架势俨然一位指挥官。而他正在转播的演出，是在河南人民会堂举行的“河南最美教师”颁奖典礼。

河南人民会堂，始建于1978年。它一直是全省政治、经济、文化生活的重要活动场所，也是全省容纳人数最多、会议室最多、舞台面积最大的会议场所。会堂位于金水路和花园路交叉口的东北角，坐东朝西，与河南饭店隔路相望——离我初中的母校二实验很近，离奶奶家也很近。

此刻，望着眼前一个个五彩缤纷的小屏幕不停地跳动，听着导播充满激情又老到熟练的指挥，我在一旁看得入了神，不禁回想起和这个舞台发生的一段又一段故事。从台前到幕后，从小学到高中，再到已经坚定了的大学想学的专业，也许我这一生注定与这舞台结缘。

如果真要追根溯源，寻找我心底这颗热爱舞台的种子是何时种下的，大概是5年前的那个教师节吧——

2013年，我13岁，上六年级，毕业班。对于上小学的我，即使到了自认为可以被称为“大姐大”的年龄，但每年的“大事记”中似乎也没“大事”，无非就是又当上了什么班干部，又回郑东小学看了哪位老师，诸如此类。唯一一件可以称得上“大事”的大事，应该就是在人民会堂主持了当年的教师节晚会吧。

现在看来，那是个阴差阳错的机会，也是个异常艰巨的任务。在上小学那几年中，虽然多多少少主持过一些学校的升旗仪式、文艺演出，但那规模和级别与全省的教师节晚会是不能比的。光是舞台，就足以让每一个热爱播音、热爱表演的孩子羡慕不已了。即使困难重重、挑战多多，但我还是顶着压力完成了那次的主持，据说反响还不错。

两年后，上初二时，我又一次登上人民会堂的舞台。这次，主持的是二实验一年一度的合唱节。再次站上那个舞台，是一种久别重逢的感觉。这感觉很奇妙，或许是一种感叹吧，感叹与这个舞台如此有缘，感叹我未来注定与舞台相伴的人生。

再后来，我上了高二。只不过这次站在台上的不是我，而是我特别崇拜的主持人海霞和林泉。这次，我在导播间观摩。就如文章开始时说的那样，在导播间里看着面前一个个跳转的小屏幕，看着那个我登上过两次、不算陌生的舞台，心中对人民会堂的眷恋似乎又多了几分。特别是海霞的表现，不愧为国嘴，因为我目睹了她从彩排到正式演出的全过程，即使和获奖老师只有几小时的磨合时间，却依然能在舞台上自如得体地完成主持，不禁又一次为海霞深厚的语言功底以及超强的舞台应变能力所深深折服。

下一个两年后，不出意外，我该上大二了吧。那是未来，是未知，但愿我那时能在心目中理想的大学读书，读着与舞台有关的专业，课堂上应该也会想起在人民会堂里发生的故事吧。

再往下，我就毕业了，工作了。要说，海霞也算是我的学姐，在同一个校园求过学，也登上过同一个舞台。只是不知若干年后的我，能否像学姐一样，只凭故乡一声呼唤，便放下手里的种种，风雨兼程，赶回这个熟悉的舞台。

10:02:54
10:04:06

河南教师誓词
我志愿做一名光荣的人民教师，忠诚人民教育事业，贯彻
党的教育方针
爱国守法，敬业爱岗；教书育人，关爱学生；
为人师表，乐于

曼哈顿：
舌尖与眼睛的幸福之旅

《舌尖上的曼哈顿》这个系列是从什么开始的，其实我早已不记得了；为写这篇文章，临时去翻爸爸的微博“石榴树 2000”，才知道是 2014 年的春天。不禁感叹，转瞬之间，四年的时光已匆匆而过。

依稀记得四年前我和爸爸开始这个系列的初衷。当时我刚上初中，学业十分紧张，周末回奶奶家时，爸爸总是想办法尽可能让我放松些。于是，看电影成了最便捷也最丰富的放松方式；离奶奶家只有两个路口的曼哈顿奥斯卡影院，成了我们最好的选择。

曼哈顿是离奶奶家最近的商业综合体，美食、电影、游戏、服装，应有尽有，也是年轻人逛街最青睐的场所之一。

都说，美食和电影是绝配。去曼哈顿看电影，自然要顺带着尝尝各种美食。有一次吃饭时，爸爸提议：“乖妞，曼哈顿这么多饭店，这么多好吃的，咱们每次来这里看电影都吃得不重样，好不好？”

“好啊，这个思路不错！”我当然爽快地响应。就这样，2014 年的 3 月 22 日，爸爸发了一条微博：“吃遍曼哈顿第一站：康师傅私房牛肉面。配菜：电影《雪国列车》。”并且，在后面@“石榴花开 2000”——也就是我。

起初，这个系列叫《吃遍曼哈顿》。寓意很好，曼哈顿这么多的饭店，有我最爱的巴奴火锅，有香港、澳门的特色小吃，有简单快捷的阿利茄汁面，也有吃着超级过瘾的麻辣香锅……我们发誓，要把这里的各种美食吃个遍！随着大型纪录片《舌尖上的中国》热播，我们的系列也跟着潮流，更名为《舌尖上的曼哈顿》。

四年里，我们吃过风格迥异的餐厅：四川风味的宽窄巷子，装修时尚的青年餐厅，健康养生的蒸海鲜……

四年里，我们也看了许许多多的电影：惊险刺激的《云中行走》，文艺青春的《七月与安生》，还有从小学就开始追的《饥饿游戏》系列……

爸爸每次在微博上发《舌尖上的曼哈顿》都会 @ 我，我也经常转发，并配上感受。渐渐地，我们的系列在微博上有了一点点影响，甚至有餐厅留言，邀请我们去那里吃饭，爸爸回复：“打折不？”哈哈！

当《舌尖上的曼哈顿》走到第 23 站时，我和爸爸去美国参加亲子夏令营，来到了正宗的曼哈顿，在唐人街一家名为“东来”的中餐厅吃了饭。典型中国风的装修加上是中国老板，真的让我们在异国他乡感受到少有的温馨与亲切。更重要的是，有在美国曼哈顿吃饭的经历记录在案，让我们这个《舌尖上的曼哈顿》系列，瞬间又高大上了不少呢！

花谢四度，花开四回。如同花谢花开，曼哈顿的餐厅也是开了又关、关了又开。经常会发现，我们原来吃过的一些餐厅，如今已不见了踪影。在原来的店铺上，已经换成了陌生的新鲜“面孔”。

其实，几年来都吃了哪家餐厅、看了哪场电影，现在看来好像都不重要。一场场影院里的温暖，一次次饭桌上的畅谈，一条条记录生活的微博，串联起了所有关于郑州曼哈顿的亲子记忆。

就像一首歌里唱到的：“生活不止眼前的苟且，还有诗和远方的田野。”在这快节奏的生活与繁忙的学业中，我们已经很少停下脚步，去发现身边的美好、品味幸福的味道。也许，这一场场电影、一顿顿美食、一次次餐桌上的陪伴，就是要反复地告诉自己——

生活不止眼前的苟且，还有舌尖上的美食，和一直陪你吃美食的那个人。

豆巢 新派土豆粉
豆巢
4006212777
@石榴树2000
weibo.com/u/1258591682

苏氏牛肉

土大力
@石榴树2000
weibo.com/u/1258591682

21青年餐厅
Iam What Iam

阿三生煎
Miss J
咖啡 奶茶 果汁
@石榴树2000
weibo.com/u/1258591682

烩面

老汤烩面

呷哺呷哺涮涮锅
一品寿司

阿三生煎
Miss J
咖啡 奶茶 果汁
@石榴树2000
weibo.com/u/1258591682

帝仔 港式车仔面
DAI ZAI GONG SIK CE ZAI MIN
帝仔麵檔
源自香港·地道風味
营业至凌晨2:00
帝仔茶檔
@石榴树20
weibo.com/u/12585916

東來
海鮮酒家
EAST SEAFOOD RESTAURANT
212-226-1888
BEAUTY SAP
@石榴树2000
weibo.com/u/1258591682

金罗一品芝士肋排
@石榴树20

台灣骨湯麻辣燙
臺灣燙媽麻辣燙
@石榴树2000
weibo.com/u/1258591682

咖啡 西餐
由此上二楼
研磨时光
咖啡 西餐 | 请上二楼
Spaghetti 意面
@石榴树20

欢迎洽询 请上三楼
TEL:66166001、66166811
请上四楼
荣登央视舌尖上的中国

御状元®慢熬粥
熬得久 更有味

胡辣汤的全国总店
居然就在家门前

在河南，也许再没有一种汤如胡辣汤一样，能如此搅动人们味觉的记忆，拨动着一个个挑剔的味蕾。只要看到路边的胡辣汤店，漂泊在异乡的河南人，就有一种抑制不住的兴奋。

央视的系列纪录片《舌尖上的中国》，应该是近些年不多见的家家户户都爱看的节目。从 2012 年第一季播出至今，6 年的时光如水流过，《舌尖上的中国》为人们介绍了数百种美食。用现在流行的“舌尖体”来说，他们介绍的不仅仅是家乡的味道，更是一种情怀。在这些“中国味道”的背后，人们解读出了人情、人性，生活观、价值观，甚至是历史、文化，已然成为了解中国与中国人的一扇窗。而这么长时间，群众呼声甚高的河南胡辣汤，却迟迟未在节目中出现，实不应该。

等待多年，人们终于在狗年春节强势回归的《舌尖上的中国》第三季中看到了胡辣汤的身影，也算是圆了亿万河南人的家乡美食梦。“有着 5 万人口的周口西华县逍遥镇，却有 4200 户家庭 2 万多人外出以卖胡辣汤为生，他们将胡辣汤带向全国 20 多个省市。可以说，一碗胡辣汤的经营，托付着一个家庭的生计，对于漂泊在外的河南人来说，这一碗胡辣汤是他们在外奋斗最大的慰藉。”在节目中，主持人用足以催泪的语言介绍胡辣汤。

电视里的场景，每天都真实地发生在我的身边。清晨的郑州从来就没有安静过，无论是宽敞的主街道，还是犄角旮旯的小路，天刚蒙蒙亮，大街小巷的角角落落就开始蔓延着胡辣汤的味道，夹杂着食客们此起彼伏的“来碗胡辣汤”。虽没有准确地统计过，但郑州市区大大小小的胡辣汤店怎么说也得有几百家吧。它们有的开在正经的门面房里，有的就肆意地在路边支个摊儿，食客们来来往往，各寻各的座位，等待味蕾的绽放。

说来也真的挺惭愧的，作为一个土生土长的郑州人，在我关于美食的记忆里，居然没有胡辣汤的影子。更有些讽刺意味的是，同样驰名天下的方中山胡辣汤的全国总店，就坐落于奶奶家门前的顺河路上。而十几年的时间里，这家胡辣汤总店，我竟一次也没有进去过。

尽管没有进过，却无数次地从方中山胡辣汤总店门前经过。每天早晨天刚蒙蒙亮，就见店门前已排起几路长长的队伍，有交款买票的，有持票取餐的。其中一定有很多胡辣汤的“忠实粉丝”，当然也不乏带着好奇心特意前来品尝的食客。我总想着什么时候进去尝尝，却总是停留在想的阶段，仿佛在等待合适的时机。

如今，胡辣汤在《舌尖上的中国》隆重亮相，奶奶家也搬家在即。我和爸爸约定，一定要赶在寒假结束前，更赶在奶奶家搬家前，去总店尝尝期待已久的方中山胡辣汤，也不枉我们与它做了这么多年的邻居。

那天中午，还没走到店铺前，我已被路边壮观的队伍所震撼。只见普通话达到播音员水平的老爸，用地地道道的正宗河南话，点了两碗刚刚熬好的热气腾腾的胡辣汤。难得来一回，为了全面地品尝，我们又把油饼、包子、肉合各点了一些，真叫一个丰盛呀!

胡辣汤的辣与以往我吃过的辣有些不同，入口并不是特别冲，却后劲儿十足，连我这个十足的辣椒控，也被呛得连声咳嗽。就这样，我一边小心翼翼地品着这刚出锅的汤，感受着店里的喧闹与人气，一边望着街道上来来往往的人群，体味着人间烟火的幸福。

这味道才下舌尖，又入心间，让我实在分不清哪个是滋味、哪个是情怀。

方中山

方中山

方中山

中山胡辣汤总店
品胡辣汤
二楼滋补胡辣汤

记·忆

有个老地方叫“记忆”

经常在电视剧里看到这样的桥段：两位老友多年未见，一次偶遇让双方又有了联系，于是决定约个时间，坐下来吃顿饭聊聊天叙叙旧情，回忆一下共同的青春。目的明确，时间敲定，但见面的地点却很少表明，他们只会说：“老地方见！”

不知道从什么时候开始，我们在奶奶家附近也有了一个即使不说出口、一个眼神就能让彼此心领神会的——老地方。

餐厅的名字叫“记忆”，听上去很文艺，对吗？它坐落于东明路与顺河路交叉口往北数十米的路东边，由于是在一个大院子的深处，不临街，所以店面不算起眼，或者说很不起眼。一般人恐怕不会知道，在如此喧嚣的街道上，还会有着一家如此世外桃源般的餐厅。

头一回在记忆餐厅吃饭，是几年前一次为爷爷奶奶送行。我们家很注重仪式感，即便爸爸妈妈的工作再忙，即便我的学习再紧张，爷爷奶奶每次回威海老家时的“饯行宴”和回到郑州时的“接风宴”都是必不可少的。

那次吃饭我们是在薄荷厅，薄荷厅也是我在记忆餐厅吃饭多次唯一坐过的包间，每次来记忆都在这里。一进薄荷厅，左面的墙上有幅手绘的壁画，一棵高大的树，郁郁葱葱，枝叶繁茂，树上还停留着两三只小鸟。右面的墙，则是贴墙的柜子直到屋顶，柜子上空空荡荡没多少东西，只是零零星星地放了些老物件：老式电视机、老式收音机，还有几瓶酒、几本旧书。房间类似复式的挑高，比一般的屋子显得空旷和敞亮。然而，挑高并没有加阁楼，所以通过屋顶的那扇窗，阳光正好洒进来，带着家一般的温暖和明亮。

薄荷厅的门口正对着一段楼梯，拾级而上是个天台，摆了两张餐桌，供客人露天就餐。在这里，高高的树变得很近，触手可及；俯瞰廊檐下的大红灯笼，别有一番年代感。可惜我们去的几次，不是太热，就是太冷，一直没有在天台上聚过餐，至今还留着一个念想。

由于记忆餐厅离奶奶家很近，我们便成了这里的常客。这是为爷爷奶奶接风饯行的定点餐厅，也是爸爸会友的首选之地。最近一次去记忆，是为庆祝爸爸的新书《爸爸哪儿也不去》出版，一同吃饭的都是爸爸多年的朋友、同事。每位叔叔阿姨一进门，无不惊叹爸爸是如何找到了这样一个好地方的。

河南电台的陶真姐姐那晚还有别的事情，事情办完后又匆匆赶过来。“这个地方真好！刚刚停车时还听到车轮压过树枝的声音，现在在郑州很少有这种体验了！”陶真姐姐刚一落座，就大声地感慨着。

看到爸爸一次又一次把自己的同事、朋友请到这里，看到越来越令他了如指掌的餐单，还有进门时他与前台姐姐亲切地打着招呼，一时间我竟不觉得这是个营业性的餐厅，更像是奶奶家的另一个客厅。

记忆，应该存在于人们的内心深处，或美好，或悲伤，也许都将被你渐渐遗忘。而今，有这样一个地方，能唤醒你内心深处的记忆，关于青春，关于情感。就像陶真姐姐的感慨，那种车轮压过树枝的声音，也会成为她关于“老郑州”的记忆吧。

不知道下一次再去记忆餐厅是什么时候，也许要等到明年春天了。那时我应该在学校，期待着有一天接到爸爸的电话：“乖妞，爷爷奶奶从老家回来了，咱们全家又该聚聚了——老地方见。”

有了老爸单位，
才有了奶奶家

爸爸的单位，与奶奶家相邻，两处的距离就是前后楼的距离。我常跟老爸开玩笑，在奶奶家与办公室的窗户间拉一根钢丝，不到一分钟就能轻松地进行两地之间的转换。

要说奶奶家，爸爸单位是怎么也绕不过去的，因为奶奶家是老爸单位的房改房，按照以前的说法，叫家属院。也就是说，正是有了老爸的单位，才有奶奶家的。

关于老爸单位的记忆，大多还停留在未上中学的小时候。那些记忆，大多关于爸爸单位的叔叔阿姨们。

“我是看着你长大的。”如今，这句话常用来调侃。如果说，除了家人之外，真有人是看着我长大的话，那毫无疑问就是这群叔叔阿姨们了。爸爸现在工作的这家报社，是他大学毕业后找到的第一个单位，一干就是将近 30 年，可以说把所有的青春都留在了这里。因此，老爸的同事们，是看着我从咿呀学语、蹒跚学步到读书识字、舞文弄墨的，转眼间，已到了要考大学的年龄。

记得有一次妈妈出差，我便住在奶奶家。不巧，恰逢爸爸那天要值夜班，手头有很多工作要做；而跟着爸爸去单位，恰是我求之不得的。

那段时间的我，不知是搭错了哪根神经，疯狂地迷恋上了变魔术。说来你可能不信，我还专门去报了个培训班，每个周末都要跑过去学几个小魔术。

那天晚上，我带着变魔术的小道具去了爸爸的办公室，一一询问叔叔阿姨们要不要看我变魔术。爸爸怕我耽误大家工作，对我说：“石榴，叔

教育时报
为教育科学发展鼓

叔阿姨们都很忙，你自己玩吧！”也许是手头上的工作告一段落，也许是为了照顾我的情绪，叔叔阿姨们纷纷说：“我不忙！”“我也不忙！”那天，算是我的魔术首秀，开心地过了一把瘾。

还有一段记忆，是关于奶糖的——

那是一年的年末，班里开过新年联欢会后，我带着奖品——一把奶糖，去了爸爸的办公室。给了爸爸一颗，还剩不少，就拿去与报社的叔叔阿姨们分享。大办公室的人很多，一圈发下来正好够每人一颗。发过糖后，我低着头，有些失落地回到爸爸身边。

“怎么了，乖妞？”爸爸问。“给叔叔阿姨们每人一颗糖，我自己没有了。”爸爸想都没想：“喏！爸爸这里还有一颗，给你吧！”原来我给爸爸的那颗糖，他还没有吃。后来，爸爸告诉我，那天他对我的做法很欣慰，即使知道最后没有留给自己的，也要让叔叔阿姨每人都有份。

这都是很多年前的事情了，现在拿出来再讲，情节貌似过于简单与平淡。但小孩子的情感不就是如此吗？可以因为一个魔术笑，也可以为一颗奶糖哭，还可以为一件不靠谱的事情而疯狂。

许多老演员回忆起自己的童年时，常常这样说：“我打小是在一个艺术大院里长大的。身边的叔叔阿姨都是从事文艺工作的，这天天潜移默化地，自己也就爱上了。”如此说来，老爸的办公室与老演员口中的“艺术大院”倒是有些相似的。因为小时候经常去爸爸的报社，看叔叔阿姨们编稿、排版、校对，还有外出采访，潜移默化地，我就对传媒行业产生了浓厚的兴趣。

虽然每次去老爸的办公室，无非说说笑笑傻乐和，似乎没干什么正经事儿，但那也是启蒙呀。畅想未来，如果我真的成为了一名传媒人，回忆给我启蒙的人与事，那么——

如果是一个人，那应该是老爸。

如果是一群人，那就是与老爸并肩作战的叔叔阿姨们。

如果是一个地方，那一定是老爸单位那个通宵亮着灯的办公室。

一路
穿越时光隧道的公交车

你知道有多不可思议吗？一辆普普通通的公交车，竟能串联起我几乎所有关于求学的记忆。

上了高中后，开始住校了，能待在家里的时间少之又少。周末仅能休息一天，还有半天要上编导专业课。家里没有私家车，爸爸每次接我回家都是打车，送我回学校时也一样。

有一个周日，在奶奶家度过周末要返校了。临出门，爸爸说：“石榴，咱们今天不打车了，我带你去坐一回公交车。”虽然嘴上答应得爽快，但我心里却多少有些不情愿。本来我的书包挺沉的，还有一个拉杆箱，拎着大箱小包地去坐公交车，还不知道有没有空位，想想就够狼狈的。但爸爸既然说了，必然有他的打算，我也就没说什么，匆忙收拾好便出发了。

公交车站离奶奶家不远，就在沿顺河路向东的第一个路口。没等多久，看到一辆公交车从南边缓缓驶来。“车来了，咱们上车！”爸爸说。我定睛一看——是42路公交车。

“石榴，看看窗外，这趟车你会觉得很不一样。”爸爸在我耳边说。我看看他，虽然有些疑惑，但还是照做了，把视线移向窗外。

42路车沿东明路向北，穿过金水路，驶到纬二路时拐了弯。这条路我简直再熟悉不过，上小学时就曾拉着爸爸妈妈的手走过无数遍。车到经纬广场，很快，河南省实验小学的大楼进入眼帘，我激动地指给爸爸看。虽然已经毕业很多年，但看到这熟悉的画面，亲切感还是扑面而来。夜幕下，四周都是暗的，唯有学校大门上那只金色的凤凰，闪闪地亮着光泽。

42路车继续向西，经过四个路口，到了河南省第二实验中学，我的初

顺河路
Shunhe Rd
42 Y801 路

中时代在这里度过。这个只有 7.8 亩的小小校园，藏在一个胡同里，甚至连一些住在附近的叔叔阿姨，都不知道这里还有一所学校。但就是在这片小小的天地里，我和同学们一起在国旗下宣誓，在教室外义卖，在没有操场的校园里围着教学楼一圈接一圈地跑步……初中三年，让我幸运地收获了一个如家一般温馨的母校。

42 路车在花园路拐弯向北，经过纬五路，路西不远处，便是河南省实验幼儿园，那是我接受启蒙教育的地方。车继续向北，又路经上过多年辅导班的学而思、位于国贸 360 广场的灵格风英语，熟悉的建筑，熟悉的景致，勾起太多太多的回忆。终于看到了经典的红瓦建筑，矗立在农科路的西头，河南省实验中学到了——这是我正在读高中的地方。

在离校不远的地方下了车，我迟迟地没有缓过神来。刚刚坐的 42 路车，从小学一路驶到高中，在短短半个小时里，仿佛带我穿越了一条时光隧道，串起一个“实验系女生”18 岁之前的青春时光，贯穿我痛并快乐的学生时代。

几年后，不知道我会去哪里上大学，估计不会还在郑州吧。我想，到那时，每次放假回来，我都要再坐一回 42 路公交车。

那时的我，隔着车窗，耳机里放着喜欢的音乐，车窗外是那条我走过无数遍的时光隧道：带我初识世界的省实验幼儿园，留下我太多欢笑的省实验小学，让我常常怀念不已的二实验，陪我度过最最艰难时光的大实验……

只是不知道那时，再次坐上 42 路公交车的我，看着一晃而过的人流与车流，默默回想起这些年求学的往事，记忆是会变得模糊，还是愈加清晰。

还是希望有一天，
您也能讲起我的故事

小学毕业后，我就很少再有时间回母校了，尽管实验小学离奶奶家很近。上一次回实验小学应该是初二那年，转眼间，又是四年。

隔三差五总会有来自母校的消息，比如操场翻新了，比如在一楼开设了诚信超市，再比如学校终于有了图书馆……每每看到这样的消息，我总会激动地评论点赞，暗自骄傲自己也曾是其中的一分子。但相比于越来越排场的学校，我更怀念的，是实验小学的老师，特别是大队部的刘老师。

刘老师不是我的班主任，也不是我的语文老师，可她却是我小学生涯中印象最深刻、最应该感谢的老师之一。

和刘老师相识，是在大队部。四年级时，我进入大队部；而刘老师，正是大队辅导员。于是，我自然而然地就有了许多与刘老师交流的机会。起初，她给我的印象就是严厉，对学生们的要求极高，从着装到谈吐，再到行为举止，一丝不苟，让人有些望而生畏。

我对刘老师态度的转变，源于一件很小的事情——

周五中午，是大队委的日常例会时间。当大队部没有开门时，同学们都会在门口乱作一团，叽叽喳喳地议论着。那天像往常一样，大队部没有人，所有大队委都在门口等待，就这样里三层外三层，围了好几圈。当刘老师匆匆赶来时，她的一只手抱着一大摞作业，另一只手在包里来回摸索着找钥匙。站在旁边的大队委们全都傻愣愣地看着，谁也没有想到先接过来老师手中的作业。

会议刚开始，刘老师就问："你们知道自己刚刚错在哪里吗？"我后知后觉，大声地答道："没有眼力见儿！""是啊！大家都看到我一手抱

着作业，一手还要去找钥匙，却没有一个人想到帮老师先拿一拿，这就能看出来一个人的眼里有没有别人……”说这些话时，尽管刘老师语气平和，却深深地触动着我。直到现在，无论什么事情我总是先去考虑别人的心情，起初就是从刘老师那里学来的。

在我的印象里，小学里的女老师大都比较有亲和力，可刘老师却不太一样。也许是工作中的头绪太多了，她经常严厉得让人有些害怕。有时，我们也会觉得有些受不了，但事后细想，才体会到老师的一片苦心。刘老师曾说：“你们每位同学都像一棵小树，只有定时浇水施肥，剪去枯枝烂叶，才能茁壮成长。我心甘情愿做那个辛勤的园丁！”

功夫不负有心人，因为刘老师教学严谨、管理严格，所以她教过的学生升入初中后，在各方面都有着突出的表现。有一天，刘老师满面笑容地对我们讲：“我以前送走的学生，最近又来看我了！他们有的拿着获奖证书，有的还当上了校学生会主席！”看到刘老师压抑不住的激动，我很感动，感动于一位老师因为学生的进步而流露出的真性情。

《希望有一天，您也能讲起我的故事》，我初中时写的这篇作文，就是写给刘老师的：“您知道吗？尽管我已小学毕业，不得不离开了您。可请您一定相信，我一直在成长、在进步，因为我不想让您失望。希望有那么一天，您能像曾经介绍我的学长、学姐那样，把我的故事讲给我的学弟、学妹们听——这就是我的梦想。”回看这些文字，我还是觉得，如果刘老师能向学弟学妹们讲起我的故事，绝对是一件能够让我引以为傲的事情。

写到这里，突然好想回去看一看母校，看一看我亲爱的刘老师。奶奶家搬走了，离实验小学更远了，回去也更不方便了。然而，如果真心想回去，是什么都阻挡不了的——所以，就明天吧！

铭记每一个
阳光灿烂的日子

得知李涵校长去世的消息，是在 2017 年 7 月 2 日的傍晚。

晚饭前，我正在洗脸，在外地出差的爸爸发来微信，一条信息闪现在手机屏上，当时没太看清。待擦干手，再次打开手机，看到的居然是李涵校长过世的消息！对着手机屏幕看了好久，我仍无法接受。

李涵——是我的初中母校、河南省第二实验中学的前任校长。现在回过头仔细想一想，如果没有李校长，就没有二实验；没有二实验，也就不会有现在的我。

应试教育下的中国，孩子们从小学就要开始报各种的补习班：奥数班、英语班、培优班……而小升初，也成了人生中一次不小的选择，家长的重视程度和赶考阵势远不输中高考，所以郑州一再上演“全城中考”的壮观大戏。

在小升初的关键时刻，爸爸妈妈也曾迷惘过，反复地讨论什么样的学校更适合我，却往往议而不决，甚至为此争执不休。二实验这个占地只有 7.8 亩的小小校园，因为爸爸一次偶然的采访进入了我们的视线，也让爸爸妈妈和我的想法终于统一了起来。

李校长一直走在教育改革的第一线，她最早提出取消早晚自习，取消节假日补课，设立班级组，开设丰富多彩的“课程超市”……后来，爸爸曾在文章中写道：“直到遇见二实验，终于知道自己究竟想要让自己唯一的孩子，在一所什么样的学校度过初中三年。”

选择二实验还有一大因素，就是学校离奶奶家特别近。上了初中，很多同学都开始住校，而我却每天都能看到自己的爸爸妈妈、爷爷奶奶。虽然中午与家人相处的时间可能只有短短不到一个小时，但就是这短暂的时光，能让我在紧张的学习中得到放松、压力得以缓解，以至于学校后来统一安排午餐，我还是选择每天中午回奶奶家吃饭。

是二实验，让我能在相对轻松的环境下度过初中三年，综合素质得到全面的提高。也是因为二实验，让我懂得生活不止吃饭和学习，还要有亲人与温情，这样的生活才是完整而幸福的。

翻看着李涵校长的照片，突然想到 2016 年的初夏，她拉着我的手走过毕业的红毯，接受鲜花与掌声。发毕业证时，李校长说："你们是我教的最后一届学生，一定要争气！"

李校长，自从在二实验毕业后，就没再见过您，我还有很多事情没向您汇报呢，恐怕以后再也没有机会了。爸爸的新书出版了，其中写到了您和咱们学校，本想着第二天就跟您打电话，把书寄到您家里，可惜晚了一步。天妒英才，也许天堂也需要教育，所以才把身为教育家的您请过去。李校长，这里您就放心地交给我们吧，剩下的路我们替您走。

从来没有后悔过，在离奶奶家最近的二实验度过我的初中三年，虽然她不是人们眼中的"牛校"。现在却有些后悔，毕业后没有多回母校看看，没有多去看看可敬可爱的您……

"让每个孩子都阳光灿烂！"7 月的郑州骄阳似火，二实验教学楼上的这几个烫金大字显得格外醒目，只是最初说这话的人已悄然远行。

我会铭记——每一个阳光灿烂的日子，早点让自己成为——您希望我们变成的样子。

顺河路上

记忆
米莎吉诺
42
打边炉
北京烤鸭

正是这些老店
让日子有滋有味

“咦？北京烤鸭怎么不见了？”走在顺河路上，奶奶突然冒出来一句。我抬头看了看路边商铺的门头，发现的确没有了“北京烤鸭”的身影，不知何时，它被一家新的店铺取代。

记得第一次吃这家店的烤鸭，还是上初中的时候。“石榴，快猜猜奶奶给你买了什么！”那天我刚到家，奶奶就在厨房里大声问我。这我怎么能猜得出？！便顺着问奶奶：“买了什么？”“北京烤鸭！”我的话音还未落地，奶奶就激动地答道。

“顺河路上新开了一家烤鸭店，你快尝尝味道怎么样，如果好吃，以后就经常给你买！”饭桌上，奶奶饶有兴趣地介绍着，期待着我吃到第一口后的感受。“嗯……味道特别棒！奶奶你也快吃吧！”这下，奶奶才放心地动了筷子。

或许是因为北京烤鸭的味道真的很赞，或许是因为它并不普遍地存在于中国人的餐桌，一般只有在饭店才能吃到，这北京烤鸭也算是奶奶家餐桌上的“盛品”了。每当我在学校有重大考试、重大活动时，奶奶总是提前一天郑重地向全家人预报——明天咱们吃烤鸭！

让我们对北京烤鸭店突然消失如此失落的另一个原因，是顺河路上的店很多都是老店。从奶奶家的院门口出来，对面就是 24 小时营业的四邻超市，沿着顺河路往东走，路南依次是双汇超市、广东打边炉、刘记羊肉汤馆、阿三生煎包，路北是正道思达超市、利明眼镜店、萧记烩面，拐角处是米莎吉诺面包房，对面是张仲景大药房……这些店在顺河路都有些年头了，从我懂事的时候开始，无论这里修路也好、扩路也罢，它们一直都在这里，如同原住民一般。

电影《飞屋环游记》里，有这样一段台词：“幸福，不是长生不老，不是大鱼大肉，不是权倾朝野。幸福是每一个微小的生活愿望达成——当你想吃的时候有的吃，想被爱的时候有人来爱你。”

是呀！住在顺河路，牙膏没了可以随时去四邻买，菜和鸡蛋吃完了去双汇就行，哪天不想在家里做饭就去萧记烩面撮一顿，每天早餐的面包都是在米莎吉诺买的……这些店是那么的普通、那么不起眼，但却给我们的生活带来了极大的便利。我甚至觉得，在顺河路上，无论遇到什么问题，都可以轻而易举地解决，比如书包的拉链坏了、自行车没气了、新买的裤子要截一下边、感冒了急需买药……当有一天，面对有的店突然“不辞而别”，才发现我是如此地需要它们、依恋它们。有这些店不离不弃守在身边的日子，就是幸福。

顺河路——可以说是郑州老城区的一个缩影。这里没有富丽堂皇的建筑，没有宽阔的街道，甚至没有一家高档酒楼，但却有着真正的烟火气。这条路上的人，几乎都跟我的奶奶一样，知道什么时候在哪家店可以买到物美价廉的东西，也更懂得如何精打细算、量入为出，把平常的日子过得有声有色、有滋有味……

真正的生活，不是山珍海味、琼浆玉液，不是在城市最繁华的路段有一座大房子，也不是衣柜里又多了几件裙子、化妆盒中又多了几支口红；真正的生活，是柴米油盐，是相濡以沫，是家里天天都有奶奶做好饭等你放学回来的踏实感，是在嘈杂拥挤的马路边提着北京烤鸭往家赶的小满足……

真正的生活，就在顺河路。

重庆小面
JINPOPOMOTHER
传承三十年的小面老味道
传承三十年的小面老味道

正宗
北京烤鸭
加盟电话:15238334808

正道思达
正道商业 ZHENGDAO BUSINESS GROUP
修表

烩面

此门每日进出
停车请勿靠近
给人留条出路吧
谢谢

车房门上的纸条会说话

在奶奶家车房的门上，醒目而牢固地贴着一张纸条。无论风吹雨打，它一直在那里，坚守着自己艰巨的使命。

和许多老房子一样，奶奶家的楼前有一排小平房，分配给各家用于储物。属于我们家的那间，由于主要是用来放车子，我们都叫它车房。虽然冬不暖夏不凉，但用处却不小。起初，车房里放着爸爸的自行车，还有一些常年不用的杂物。到我上初中后，每天中午看管我的自行车的艰巨任务，便落在了这间车房的身上。

奶奶家所在的家属院，不像新建的现代化小区，几乎每个小区都配有地下停车场，奶奶家的院子里，能停车的地方少之又少。能找到车位，那是一种幸运；没有车位，也没什么奇怪。

而矛盾，就发生在这里——

没有车位，司机只能把车停在楼与车房之间的小道上，似乎也合情合理。但是，老院子里的过道本就狭窄，还要留些空间过人，于是，大部分司机的选择是，把车尽量往车房的那一侧靠，以便行人能正常地通行。

这样一来，可就难住了我。每当我中午放学准备往车房里停车时，总有一辆小轿车直直地横在车房的门前，让我无法把车推进车房。“爸爸，汽车停在咱家车房门口，我又进不去了！”上初中时，每天中午回家时，我总是为这个问题烦恼着，好几次都差点哭起来。

那么，怎样能让司机们意识到这个问题呢？总不能每次都打电话叫他们来移车吧。于是，爸爸用 A4 纸打印了一张纸条，上面用大号的黑体字写着——

“此门每日进出，停车请勿靠近，给人留条出路吧，谢谢！”

担心会被雨打风吹落，爸爸又用透明胶布纵横交错地把纸条粘得很是严实。纸条煞是惹眼，无声地提醒着司机们，果然有了效果。在这里停车的叔叔阿姨像是听到劝告似的，都有意把车停得离车房远一些，从此再也不曾影响过我的进出。

老房子啊老房子，的确有着太多太多的不方便，但也有着其他地方已经罕见的温情。出门时，见到楼下乘凉的爷爷奶奶，他们总会笑眯眯地说“石榴又长大了”；每天早上起床，院门口卖煎饼果子的阿姨早早地来了，她总是努力地叫卖着“吃个煎饼果子吧”；在爸爸稍微的提醒后，开车的叔叔阿姨们再也没有挡过我的路……

老房子还有一大问题，就是隔音效果不好。楼上的邻居掉了一样东西，邻居家的爷爷在练习吹奏笛子，楼下的孩子们又开始做游戏了……一切的一切，我都能听得一清二楚。大家也都意识到这个问题，所以每当进入楼门洞后，都会放轻脚步，压低说话的声音，尽量不影响到邻居们。

那帮邻居，那群孩子，那些老人——我几乎不曾参与过他们的生活，却又时时刻刻参与着他们的生活。即便素未谋面，却已经为彼此的生活考虑着。在这座老房子里，种种微小的善举时时发生，传递着友爱，温暖着彼此。

现在的人们，习惯于朝九晚五的快节奏生活，他们善于在职场中与竞争对手激辩，下了班后却几乎不怎么再与他人交流。所以，奶奶家大院里的这种温情显得尤为可贵，人人都会换位思考，人人都在为身边的“陌生人”考虑着。

所以，我喜欢奶奶家，喜欢这老房子，喜欢这大院子。在这里，邻里间每日遇见时再简单不过的一声招呼，都让我倍感温暖，回味悠长。

EXPEDITION 300
GAMMAX

仿佛又听到
你在楼下喊我

“冬天到，雪花飘；夏天到，吃冰糕。一个冰糕棍，咱俩换换位……”正是晚饭时间，一家人围坐在奶奶家的餐桌前，相互交流着一周中发生的各种事情。忽然，窗外传来小朋友做游戏的声音，爷爷正饶有兴致地讲着他刚刚学会的滴滴打车，我却一时跑了神儿。

“爸爸——”我指指窗外，“突然想到在明辉小区时和那些姐姐在楼下做游戏的日子，好怀念啊！”爸爸看了看我，又仔细听了听窗外的声音，显然对我思维的跳跃有些吃惊。“是啊，这也许就是不同时期的记忆吧。”爸爸说。

夏天，一直有着它独特的标签——炎热、干燥、难熬。而当太阳下山，暑气渐渐退去，夏日的夜，却有着另一番味道。随着年龄的增长，我对夏夜的记忆却似乎越来越模糊。现在想来，令我念念不忘的夏夜，是我还在上小学的那些日子。

那时，我和爸爸妈妈住在红旗路上一个不起眼的小区里。每天下午四点半就放学了，接下来最期待的事情，就是晚上和小区里的姐姐们一起下楼玩儿。

那时候没有手机，小区里的楼也只有7层，所以我和姐姐们相约玩耍的方式，就是站在楼下相互大喊彼此的名字。有时为了能和姐姐们多玩一会儿，晚饭我都是匆匆吃两口就下楼了。

“姐姐！姐姐！下楼玩儿吧！”我把小手比成喇叭的形状，冲着楼上声嘶力竭地喊。过了一会儿，姐姐打开窗户说：“好！我马上就下去！”那一瞬间，我觉得比吃了棒棒糖还要幸福。

那些年的那些夏夜，我和姐姐们一起捉迷藏、跳皮筋。长大一些后，我们还组成了自己的小车队，在不大的小区里一圈一圈地骑、一圈一圈地跑……

然而，狂欢并不是每天晚上都能顺利地发生。有时，我在楼下叫，也会遇到某个姐姐的妈妈打开窗户，对我说："姐姐今天晚上要写作业，估计不能下楼玩儿了。"当时我心里那个失落呀，仿佛马上就能哭出来。

小时候，就是这么简单。喜怒哀乐都来得快，去得也快。哭的时候哭得撕心裂肺，让爸爸妈妈都拿我没办法；但哭过后的大笑，也是发自内心的。

几年过去，我们家从 7 层的小楼搬到了 33 层的电梯高层，那些年一起玩儿的姐姐们，早已失去了联系，甚至连名字都不记得了。

住在 22 层的高处，除了同楼层的邻居，别的几乎都不认识。再也听不到楼下小朋友唱歌谣的声音，也不会再有人在楼下喊着我的名字。即使有，恐怕我也听不到，或许也根本没有时间下楼玩儿了。

"冬天到，雪花飘；夏天到，吃冰糕。一个冰糕棍，咱俩换换位……"窗外，小朋友们还在嬉戏着，像是要疯一夜的劲头。如今，只有在奶奶家的老院子里，我才能多少找寻到一些儿时的记忆，因而特别贪恋在奶奶家度过的日子。听到楼下小朋友们嬉笑打闹的声音，即便在写作业，我竟一点儿也不觉得吵，反而总会跟着他们唱的歌谣跑神儿。

恍惚间，仿佛又听到某个熟悉的声音，从光阴的深深处喊我的名字，叫我快点下楼去，去跟他们没心没肺地疯。此刻的心境，正如木心先生的《从前慢》："从前的日色变得慢。车，马，邮件都慢。一生只够爱一个人。"

十七岁的我，如此怀旧，是不是有点早？

角角落落里的那些网呀

“郑州——总是没有春天和秋天的。”在郑州待久了的人，会觉得这句话还挺在理儿。

夏天来得那么急，没几天人们便深刻地体会到什么叫酷热难耐了。大街上的柏油路在太阳的炙烤下变得软软的，仿佛踩在橡皮泥上。街边的梧桐树像一把把巨大的遮阳伞，给伞下的市民带来一丝可怜的阴凉时，自己也泛着耀眼的绿光。夏天的太阳像个大火炉，整个城市如同一个巨大的蒸锅，把大地烤得发烫，就连空气也是热烘烘的，人一动就浑身冒汗。

奶奶家的厨房，由于长时间的日照，加上没有空调，所以异常闷热。因此自从爷爷奶奶去威海避暑后，奶奶家的厨房就很少再开火做饭了。这两天妈妈出差，我跟爸爸一同住在了奶奶家，这样离爸爸的报社也近些，爸爸上班方便。但如此一来，在蒸笼似的厨房里开火做饭怕是躲不了了。

“中午在家里下面条吧？”爸爸问我。“好啊！我等会儿跟你一起去做。”我答道。我向来不怎么挑食，天太热，我和爸爸也都没什么食欲，所以吃面条是个不错的选择。

刚站在灶台旁准备开火，一个软软的、黏黏的东西粘在了我的腿上。“啊——”我大叫一声，然后慌忙地后退，想要看一看是什么东西。“怎么了？”爸爸被我的举动吓了一跳。仔细一看，厨房的角落里散落着大大小小好几张蜘蛛网。有的蜘蛛网像是刚刚织好，网还很完整；有的蜘蛛网看上去有些时日了，风一吹便随风摆动，其中一张网上还趴着一只蜘蛛。

其实在奶奶家见到蜘蛛网不算是什么稀奇事，只是这突然与蜘蛛网的“亲密接触”，着实把我吓着了。“你看，这儿还有！”爸爸指向窗户的位置。

只看到灶台旁的窗户上有一张大大的网，大概离灶台只有两三厘米的距离。这蜘蛛也真是胆大，可能我一开火，就会将它辛辛苦苦织了不知道几天几夜的网毁于一炬。

记得第一次在奶奶家的楼梯上拍到蜘蛛网的照片时，我曾经为照片配过这样一段文字："小时候，望着院角的一张张蜘蛛网，总是远远地躲着。长大了，看到这网却莫名地感动——织了又断，断了再织，这不就像是人生吗？每个时刻都有结束，但每个时刻，也都有新的到来……"

其实在奶奶家，这样的蜘蛛网还有很多很多，它们分布在这座老房子的各个角落，客厅里、走廊上、卧室中，至于楼道里就更多了……用随处可见来形容，其实一点也不夸张。

俗话说"好马配好鞍"，奶奶家的这座老房子，也只有配上这些充满岁月感的蜘蛛网，才真叫毫无违和感。人们印象中的老房子，不就应该是这个样子？屋檐下的青苔，厨房里的油渍，墙上落着灰的楼梯间里停着电动车，地上仿佛永远不会干爽的水渍……如果真是往这样的家里放些富丽堂皇的家具，把墙壁刷得没有一点斑驳，反倒显得不是那么回事儿了。

有些风景，似乎只有在奶奶家这样的老房子里才能看到，比如做饭时，旁边还有蜘蛛网的陪伴。在现在这个高速发展的社会，越来越多的"奶奶家"被现代化的高楼大厦所取代。即便还是六七层的房子，因为安装了电梯，便被称为"洋房"，以区别于奶奶家这样的"多层"。到那时，再想看到这样的场景，恐怕就不是件容易的事了。

泰外贸
张仲景大药房

五交化
批发
东北粘玉米
田园电脑书店
中国福利彩票

这里
残存着绿城的绿意

从小生长在高楼大厦里的人，或许永远都体会不到，累了抬眼就是青枝绿叶，伸手就能吃到新鲜的无花果，从窗口撸下新鲜的香椿转身送到厨房下锅炒鸡蛋，是一种多么神奇而美妙的体验。对我来说，这种体验只有在奶奶家才有。

奶奶家所在的顺河路位于郑州的老城区，街道很窄，窄到双向行车都困难，所以这么多年一直是单行。就是这样一条小小的街道，两旁的绿树郁郁葱葱，树梢相互交叉着搭在一起，形成连绵数里的绿荫，夏天走在路上，基本上感觉不到酷暑的威力。

从顺河路拐入奶奶家所在的大院，随处可见蓬勃的绿意。没有园丁的精心呵护，也没有人规定它们必须长成什么样子，所以这些树啊草啊显得是如此的随性与自由，有一棵小树苗竟然从车房的墙上肆意地冒出，生生地斜立于红色的墙砖之间。每次走过这条通往奶奶家的过道，我总不禁感叹植物们超级顽强的生命力。

奶奶家在三楼，窗外长着一棵无花果树，看样子很有些年头了，不然如何能够超出我的窗户许多。对面的楼上，长满了茂密的爬山虎，配上红砖砌的墙，简直像生活在画中一般。

在奶奶家客厅的阳台上，伸手就能摸到无花果。如果不是防盗网隔着，它们是一定会冲到屋里来的。每当无花果成熟的季节，个子高胳膊长的爸爸总要尽力摘下他所能够着的无花果，让一家人解解暑也解解馋——我们老家威海就盛产无花果。那无花果又大又甜，咬的时候必须“刺溜”一下，否则果实里面紫红的汁液定会溅你一身。

爸爸一向不擅长侍弄植物，家里的花花草草一般都是由爷爷来打理。自从爷爷奶奶回老家后，家里的绿植仿佛认主人一样，蔫儿蔫儿的，没了精气神儿。

我的印象中，爸爸唯一能养活的植物是——富贵竹。

富贵竹有着很好的寓意，放在家里也算是为一家人祈求平安富足。另外，富贵竹有一大优点，就是特别好养。只要把它插在花瓶里，时不时地添些水，它就能一直保持着浓郁的绿意。

好养——其实也只是相对而言的。爸爸在书房、客厅、阳台，还有我的房间里都陆续插过富贵竹，然而，它们也都陆陆续续地长出一些黄色的叶子，有的就慢慢地枯萎了。唯有以前太姥姥屋里的富贵竹，多年保持着常青的姿态。听爸爸说，太姥姥屋里的富贵竹，自从插上就一直郁郁葱葱的，这么长的时间了，几乎连一片枯萎的叶子都没有。

十多年前，太姥姥走了，富贵竹还在。每年太姥姥的忌日，全家人都会到这个房间上香祭拜。太姥姥的遗像旁，始终摆放着这瓶生前一直陪伴她老人家的富贵竹，它还是如此的绿意逼人。

我们家都不是迷信的人，但对于这件事却都觉得太神奇了。就在一个家里，同样的绿植咋会有这么大的差别呢？也许是太姥姥留下这瓶富贵竹，代替她继续保佑着我们一家人平平安安，所以这份绿意才会如此地持久盎然吧！

这个国家中心城市的发展实在是太快了，快得让我们已经习惯于住在钢筋混凝土的森林里，建筑工地的扬尘环伺左右，再加上雾霾时不时不请自来地拜访。在这样的环境下，顺河路上绿树成荫的街道，奶奶家窗前抬眼就能看到、伸手就能吃到的无花果，还有太姥姥屋里四季常青的富贵竹，显得如此弥足珍贵。号称“绿城”的城市，在这里的角角落落，顽强地向世界展示着不甘被抹去的绿意。

你的猫生
到底会走向哪里

“有些人，你甚至没有郑重地说声再见，却已经见了此生中的最后一面。”不记得是谁说过这样一句话。人生如此；猫生，大概也差不多吧……

到现在还清楚地记得，三年前的一个傍晚，我们回奶奶家，还没有走到车房，就听到了小猫的叫声。“现在每天回家，都有小猫在这儿等着我喂吃的，已经有一阵子了。”爸爸听到猫叫，对我说。那天，是我第一次见到它们。

这些小猫都是大院里的流浪猫，整天在臭气熏天的垃圾箱边寻找食物。有一天，看到一只枯瘦如柴的小猫在艰难觅食，爸爸心疼了，就买来火腿肠给它充饥。

起初，小猫的眼睛紧盯着爸爸手里的火腿肠，身子却躲在五米开外的车底下。如果不是那双闪亮的大眼睛，还真的让人看不到它呢！爸爸尽力向小猫表示友好，小猫却总是走三步退两步，一直和爸爸保持着它认为的安全距离。

小猫和爸爸就这样一直僵持着，最后爸爸一声叹息，把火腿肠放在车房门口的台阶上，走向楼门洞。只见小猫以迅雷不及掩耳之势冲过去，叼起火腿肠，又几个大步冲回车底下，津津有味地吃了起来。

接下来的几天，只要看到小猫，爸爸就会喂火腿肠给它们。小猫呢，还像原来一样，与爸爸保持着明显的距离，一直耗到爸爸没了脾气，把火腿肠放在台阶上，它才飞奔过去把火腿肠叼走，三下两下吃个精光……

哎——我说小猫呀，明明都已经饿得前胸贴后背了，为什么还要保持自己的高冷范儿，不肯靠近一步呢？

渐渐地，小猫似乎已经熟悉了爸爸身上的气味，每天傍晚都在胡同口等着下班的爸爸，然后一路跟着来到车房门口。小猫喵喵地叫着，那叫声着实让人心疼，怎能忍心不给它们一点吃的呢！

我知道，爸爸一向是喜欢狗的，对猫并没有什么特别的感觉，甚至还有些看不惯猫身上那与生俱来的高冷范儿，但爸爸却坚持喂了小猫们这么久，恐怕是人性中的悲天悯人，让他无法对这些可怜的小生命视若无睹。尽管有时爸爸嘴上抱怨着："咱喂了小猫这么久，别说感激，它们连一点主动示好的意思都没有！"但手还是不自觉地把火腿肠递给小猫们。

就这样，一天一天，一周一周，过去了很长的日子。从爸爸一个人喂，到我和爸爸一起喂；从喂原来的一只猫，到现在每次都有三四只猫；从原来的小心翼翼，到现在能够离得很近……爸爸在车房里常备着火腿肠，我也开始每天放学回家都喂小猫。小猫们也熟悉了，每到中午，就来我这儿吃顿好的。

本以为这样的日子会一直持续下去，没有拥入怀中的亲密，却有相知相依的默契。但过了暑假，一切都变了。上高中后第一次回奶奶家，走进这熟悉的大院，却突然觉得好像少了什么，我顺口问了一句："小猫呢？"

没人回答我。

那天以后，我就再没见过它们，再也没有。

有些猫，你甚至没有郑重地说声再见，却已经见了此生中的最后一面。

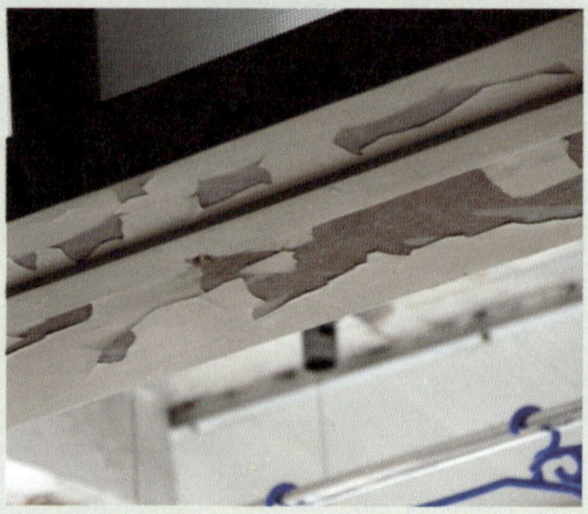

斑驳墙壁上的天马行空

这个题目是爸爸建议的，乍一听，像是给小学生布置的作文。奶奶家斑驳的墙壁有的像云朵，有的像小狗，还有的像两个孩子在玩耍……这写出来倒是不难，但总觉得稍显幼稚，也许是我的文笔修炼得还不够吧。说实在的，在我的心中，已经将这个选题排除在考虑范围之外了。

直到这两天开始整理《奶奶家》的照片，我才发现，自己竟自觉或不自觉地拍了那么多奶奶家的墙壁。一张张照片看过去，我渐渐地改变了主意。照片是会说话的，所以，这些照片中一定藏着我想给大家讲的故事。不过话又说回来，什么叫“天马行空”呢？写这个对我来说太难了。在这本书中，我的角色是参与者、记录人，我擅长的是讲故事，讲真实的故事，而非想象。

奶奶家这房子的年头可不短了，还是20世纪末房改时爸爸分的房，离单位近，是它最大的优点。在我出生那年，爷爷奶奶卖了平顶山的房子，带着太姥姥一道迁居郑州，从此落户这里。

20世纪的老爸？我零零星星地倒是见过几张照片，用现在流行的话来说，当时的老爸真青涩。为了图便宜，年轻的老爸就把奶奶家的装修交给了一个施工队，而没有去找正规的装修公司。

房子这东西，刚装修完时看上去都是那么光鲜亮丽，包工队和装修公司刷的墙也看不出多大区别。可这时间一长，破绽就露了出来。没过几年，奶奶家墙壁的漆就渐渐地坚持不住了，从一小块一小块地起皮，到一大块一大块地脱落，一点一点变成了眼前这“面目全非”“不堪直视”的模样。

这次搬家前，爸爸急着把这老房子租出去，否则搬了新家还要为这边的房子操心，实在是费时伤神。带租客来看房时，爸爸听到最多的话就是：“你看看你们家墙漆都掉成啥样了，光看这墙，租金就高不了。”正话反听，若是把这墙壁重新粉刷一下，或许会租一个比较合理的价格。

其实重新刷漆，爸爸也不是没有想过，但每次征求家人的意见时，奶奶总是说：“刷漆味道太大，对石榴的健康不好。墙虽然破了点，可又不影响居住，还是等等吧。”奶奶总是这样，考虑所有的事情都是站在我的角度，只要对石榴的学习与生活有利，那就是好的；如果不是，连商量的余地都没有。

这么一等就等了十来年，一直到奶奶家要搬，也不曾刷过一下。后来，爸爸以低于市场价的租金，把这所老房子租给了房屋托管公司。由于离得比较远，我们也没有机会回去看看人家有没有重新粉刷。

至今，一想起奶奶家，眼前就会浮现那些斑驳的墙壁。其实，这一片片斑驳的墙，在某种程度上不也正贴合着老房子的气质吗？是老了点，是破了点，但既不影响居住，也不危害健康，反而把一段充满温情和爱意的老时光，永远地印在墙壁上，和那个从平顶山搬来的书桌一样，和 30 多年前第一个教师节来到我家的钟表一样，和奶奶家的一切一切都一样。

这就是奶奶家的墙壁，这就是我的天马行空。站在老屋里，我看到的不是白云，不是小狗，也不是孩童的嬉闹；撞击我视线的，是光阴，是情感，是时间都去哪儿了……

照片不说话，
却都会讲故事

迟迟没有动笔写写奶奶家里专属于我的小屋，不是因为没有故事可讲，恰恰相反，在这个不大的小屋里，藏着太多太多的故事，故事来自我在郑州成长的这 17 年。

故事应该从哪儿讲起呢？久久地理不出个头绪。躺在小屋的床上，耳机里放着舒缓的轻音乐，环顾四周，看到了书桌上我和爸爸的那张合影，那就从这里讲起吧——

可以很自信地说，相比于大部分的同龄人，我和爸爸的合影一定比他们多许多，甚至比我和妈妈的合影还多。无论是小时候妈妈给我和爸爸照的合影，还是长大些后我用手机给我俩拍的自拍，若是认真整理出来，不说有上千张，几百张肯定是有了，用这些照片做一本精美的相册一定绰绰有余。

书桌上的那张合影，是我和爸爸在美国拍的。那时，我们刚在一个景点结束游览，站在路边等大客车。夏日，太阳火辣辣地炙烤着大地，只在树荫下才能有片刻的清凉。我拿起手机，尝试着能否拍几张满意的照片，却不料开成了前置摄像头。可能因为有美颜功能吧，手机里的我显得比平时脸更瘦、眼睛更大、皮肤更好了，这可是我一直求之不得的形象呀！我连忙把手机举成 45° 角，那是众多网红口中的最美自拍角度，然后邀请爸爸一同入镜。手机“咔嚓”一下，就有了现在书桌上的这张照片。照片上的我们，都穿着清爽的白色 T 恤，我把墨镜挂在耳朵上，把头微微抬起，身旁的爸爸也显得愈发年轻。现在每次看到这张照片，都会回想起初中毕业的那年暑假，与爸爸在美国参加亲子夏令营的一段美好旅程。

PANCOAT
2月 · February
1 2 3 4 5 6 7 8 9 10 11

通用规范汉字字典
汪国真
和好孩子交朋友

有谁迷路了吗
16 17 18 19 20 21 22 23 24 25 26 27 28

说到照片，小屋里最大的一张照片不能不说——那是爸爸在承德避暑山庄给我拍的。照片上的我一袭白裙，陷在无穷无尽的草丛中。记得当时湖南卫视热播的一档歌唱类节目中，一对名叫“雨林精灵”的姐妹组合，因为天籁般的声音深受观众喜爱。虽在不同地域，但因为对大自然同样的热爱，让电视外的我似乎产生了某种共鸣，我便给这幅照片也起名叫——《雨林精灵》。它就挂在我床边最醒目的位置，铺天盖地的绿色让小屋变得更加安静。尤其在夏天，一看到它，整个心都清凉了许多。

而《雨林精灵》旁边挂着的，则是一张我小时候的照片。短发、胖脸、大红色的衣裳，全身肉嘟嘟的，一副假小子的模样。若不是特意提起，你看到这两张照片，一定会觉得上面的两个人毫无干系。这张照片就是我一周岁时在奶奶家拍的。但与现在相比，那时候小屋的格局有着很大的不同——一进门就是铺满整个屋子的地毯，可以任由我随意地爬来爬去。靠墙的一侧有一排矮柜，放着各式各样的玩具。另一侧是床垫，那是我小时候睡觉的地方。

喜欢摄影的人都会说，照片是会说话的，照片更会讲故事。奶奶家的照片虽不如摄影师的作品那样拥有无可挑剔的构图，但它是一种特别的记录，记录着我一点一滴的成长，也记录着亲人牵手走过的时光。

书架上的那张照片，是我跟爷爷奶奶在紫荆山公园拍的。由于奶奶家离紫荆山公园很近，几乎每年春天，我们都会去踏青。上小学时的某个五一劳动节，我跟爷爷奶奶去游紫荆山公园，惊喜地发现一直封闭的梦溪园对外开放了。我们走过小径，跨过小桥，走累了，就坐在红色的长廊上小憩。记不清当时他们在用什么话逗我，让我不好意思地抱着柱子躲在一边，画面的另一边是爷爷奶奶开怀大笑……

多美的春天，多美的亲情，写到这里，我又想爷爷奶奶了——好在已经开春，他们也快从老家回来了。

亲爱的，
这个春天不能陪你一起过了

期中考试，我被分在教室倒数第二排靠窗的位置。三天，在那里写了九张卷子。我很喜欢那个位置，不仅因为它靠着墙，很有安全感；更因为，窗外就是令人迷恋的春光。

每天下午的考试都是两点半开考，那是一天中人们最懒洋洋的时刻。写完卷子，我放下笔，望着窗外的春光。在某个时刻，突然觉得这样的场景似曾相识，我是在哪里见过吗？一定是的。

那我又在哪儿见过呢？

——在奶奶家？

——在奶奶家！是奶奶家我房间的那扇窗！

午后，阳光慵懒地洒落在顺河路上的这个小庭院里，洒进我的屋里。被子上有太阳的味道，窗台上、书架上也都有太阳来过的痕迹，暖暖的，亮亮的。

吃完午饭，我准备回屋睡觉，却怎么也不愿拉上窗帘，不忍把这美好的春光关在窗外。躺在床上，我看到床头镜子中的自己，头发已经染上了金色，眼睛也像戴了美瞳般闪着光亮……

不行，一定不能辜负这明媚的阳光！——我心想。不如读会儿书吧，我从床上爬起来，沐浴着阳光，大声地读起来。读累了，抬起头看着窗外，树上的叶子绿了，树枝上挂了不少青青的无花果，我知道，春天又一次来了……

地球不停地转动，季节不停地轮回，每一个春天都似曾相识，每一次相见都仿佛老友重逢。但对我来说，每一个春天却又有着不同的回忆，每

一个春天的故事里都上演着不同的情节。

亲爱的小院啊，今年的春天，看来我是不能陪你一起度过了。因为，我上高中了，要住校，周末也休息得很少。每周仅有的一天休息，还有满满的半天要上专业课，我在你身边的时间少得几乎可以忽略不计。

省实验的校园也很美，但它与你一点儿都不像。这里的午后，篮球场时不时传来男生的大笑，教室里回荡着琅琅的读书声。这里有亭子、有喷泉，甚至有飞机。这里的生活丰富多彩，热热闹闹，人人都在做自己的事情，人人都有自己要奔的目标。不知为何，有时突然也会怀念起你的这份安静与惬意，怀念在你身边心甘情愿虚度时光的坦然与放空。

亲爱的小院啊，这个春天，我不能陪你一起度过了。我不在的春日里，你要吸收更多的阳光，把我的屋子照得更加明亮；你要让土地更加肥沃，树木长得更加茂盛，窗外的无花果由绿发红再转紫，味道更加甜美……

亲爱的，这个春天，我不能陪你一起度过了。以后的春天，我能陪你的时光也会越来越少。然而，你知道吗？每一个如期到来的春天里，我都会在不同的地方等风来，等花开。那时，我相信南边吹来的风一定有你的味道，四周盛开的花里有着与你一样的芬芳。

亲爱的，我的亲爱的，这个春天，我是真的不能陪你一起度过了。

可你知道的，我是个念旧的人。

从今以后，我爱的每个春天，都像你……

终于
轮到顺河路挖沟了

“郑州郑州，天天挖沟；一天不挖，不叫郑州！”作为地地道道的郑州人，从很小的时候，我就听爸爸妈妈常在耳边念叨这顺口溜。直到现在，每当看到郑州修路，人们依然经常爱用这话来调侃。

但在我的印象里，顺河路没怎么修过路。虽然它是如此狭窄，也有不少的坎坷与坑洼，但与挖沟修路带给生活极大的不便相比，奶奶和爷爷都觉得，对付着能走就行了。

也许是真的对付不过去了，顺河路终于迎来这十几年来，甚至是几十年来最大的一次“手术”——扩路。回想一下，原来的顺河路，窄到只能设计成单行道。能想象到，这里如果允许双向行车，定会分分钟乱成一锅粥。顺河路本就不宽的路上，两侧还停满了小区里停不下的轿车，留给机动车通行的空间小之又小，更不要提非机动车和行人了。

记得有一次周末放学回奶奶家，突然发现顺河路两侧都被围上了蓝色的围挡。“这是干什么？”我看着眼前的景象不解地问。“扩路，算是顺河路有史以来最大的整改了，从 3 月到 6 月，要整整修三个月。”爸爸说。

3 月到 6 月，这时间选得真巧，这三个月正好是爷爷奶奶从威海老家回来的时间。不管是早一些的冬天，还是晚一些的夏天和秋天，爷爷奶奶都在威海，只有春天回郑州住三个月，就这么不偏不倚地与挖沟修路撞个正着儿。

奶奶的眼睛一直不好，因而对走路很不自信，下楼梯时尤其如此，甚至大白天走路也需要有人搀扶着。现在的顺河路，被拦上了围挡不说，路两边的人行道也都被翻了个底儿朝天，一副无从下脚的样子。别说是奶奶，

道路施工
1km

向左改道
郑州市市政设施维修建设有限公司
互联网+卤味创业联盟

中华餐饮名店
萧记三鲜烩面美食城
正常营业

就连我走路，也需要小心翼翼地看着脚下，仔细地选择下一步可以踩在什么地方。让奶奶尽量少出门，甚至不出门，也许是现在最好的办法。可负责做饭的奶奶要去买菜呀，于是每天还是要提心吊胆地出门，也真难为了她老人家。

顺河路大修，不光影响着路两边的居民，对临街店铺的打击才是致命的。因为长长的高高的围挡基本把店铺与人流隔开了，生意难免大受影响，就连我们家最爱吃的北京烤鸭店，也由于入不敷出而被迫倒闭了。爸爸办卡的那家理发店则搬到了远远的东区，并且不退卡，辩解说可以去东区理发，这是多么的不近情理。更多的店铺不得不挂起大大的“正常营业”的牌子，企图让人大老远就能看到，从而维持最基本的生计。

这就是我自小熟悉的顺河路，又吵又挤，原来五分钟的路程，现在绕绕拐拐、爬上爬下，怎么说也需要多一倍的时间。每当周末从学校回来，迎接我的都是这前所未有的“热闹”，总觉得是一路翻山越岭才回到奶奶家的，也算是一种别样的体验吧。

等顺河路彻底修好了，我们在这里也住不了太久了。爸爸的单位要搬到大北区，奶奶家自然也要随之北迁，并且已经装修完毕。明年春天，爷爷奶奶从老家回来，就不再回顺河路了。我想，我应该再找机会走走这条小路，那时出现在眼前的肯定是比以前宽敞很多的街道，是许多崭新的我从没见过的店铺。

顺河路，还是在金水河边的那条路，还是临近紫荆山公园的那条路，还是紧临地铁 1 号线的那条路，只是在无法躲避挖沟的宿命后，这里今非昔比，已经不再是我记忆中的模样。

浓浓的烟火气
紧紧地把我包围

连我也记不清具体是什么原因，我居然快一个月没回过奶奶家了。

那天爸爸来学校接我回奶奶家。我们像往常一样，坐上42路公交车；又像往常一样，在顺河路站下车。我拉着自己的小白箱子，和爸爸一前一后地走在顺河路上，因为路真的太窄，实在不允许我们肩并肩手拉手“招摇过市”。

不知怎的，时隔多日再看到顺河路熟悉的场景，我竟有一种很久没有过的满足与幸福。

米莎吉诺面包房依旧飘出浓浓的奶香。一个个被烤得白胖白胖的面包，整齐地排列在橱窗里。双汇超市前的小喇叭依旧叽叽喳喳，用那听起来并不标准的普通话介绍着“今日特价，今日特价”。虽然我一直搞不明白，这样日复一日地叫卖，到底能吸引来多少顾客。超市旁的水果商店，新上了些当季的水果，而前些日子最畅销的西瓜，被放在了最不显眼的位置。显然在天气渐渐转凉的秋季，这些让人神清气爽的水果，已经失了宠。

顺着顺河路继续往前走，修车铺前的鹦鹉目光有些呆滞，看来骤降的气温不仅仅影响着人们，也让小鸟有些不适应。我们的小院门前，也没有爷爷奶奶们三五成群扇着扇子聊着家长里短的身影。

烟火气——是我最喜欢用来形容奶奶家的词语。

而今的奶奶家，退去了前些日子炎热的暑气，小孩子们再也不会光着屁股在楼下打打闹闹，街上也听不到小贩们大喊“又大又甜的无籽西瓜”，一家一户的空调也如集体罢工般，安静得有些可怕。仿佛就在一夜之间，炎热、浮躁这些属于夏天的词语，都与奶奶家无关了。

中国福利彩票

电动车

顺河路

进入秋天的奶奶家，有着不一样的“烟火气”。

一阵风刮来，树上的叶子如美丽的舞者，转着圈儿飘向大地。这些刚刚换了新装的叶子，又要回归土壤，开启新一轮的旅程。四邻超市、思达超市纷纷在最显眼的位置挂上牌子——“暖水袋、暖宝宝到货”。冰柜里的冷饮和冰激凌也明显少了许多。

回到奶奶家，从衣柜里翻出许久未穿的厚睡衣，接一盆热到有些烫手的洗脚水，窝在沙发里看一会儿《非诚勿扰》，跟着台上的男女嘉宾同哭同笑。然后我跑到爸爸的房间，斜靠在床上，聊一聊学校发生的事，谈一谈近些日子好看的电影。在我准备回屋睡觉时，不忘惊奇地说一句：“对了爸爸，关晓彤和鹿晗居然在一起了！”然后不等回话，就飞奔着跑回房间钻进自己的被窝里。

很久没有回过奶奶家的我，日复一日地在学校里接受知识的洗礼。前一秒钟还在亚马孙的热带雨林里冒险，下一秒就被班主任焦老师拽回中国，一起学习毛泽东思想、邓小平理论、习近平新时代中国特色社会主义思想……

一旦回到顺河路，回到奶奶家，便被烟火气紧紧地包围住了。街上人说的河南话带着各个地方的口音，每个人都精打细算着每一笔收入和支出。电视里的男男女女有的哭有的笑，隔着屏幕不遗余力地向我们这些吃瓜观众讨要回应……

真实，前所未有的真实。

生活，触手可感的生活。

夜幕降临，华灯初上，奶奶家和这条路上的人家都早早地熄了灯。我躺在被窝里，回想着刚刚看到的一切，突然觉得自己是那么幸运，幸运自己能在这样一个充满“烟火气”的地方——有个家。

子鸡真材实料，是由
中草药制作而成。外酥
常吃有益健康。
155155
电话：
928

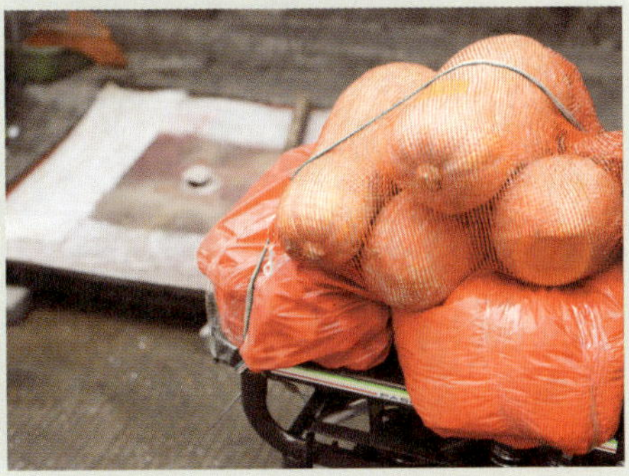

爷爷奶奶

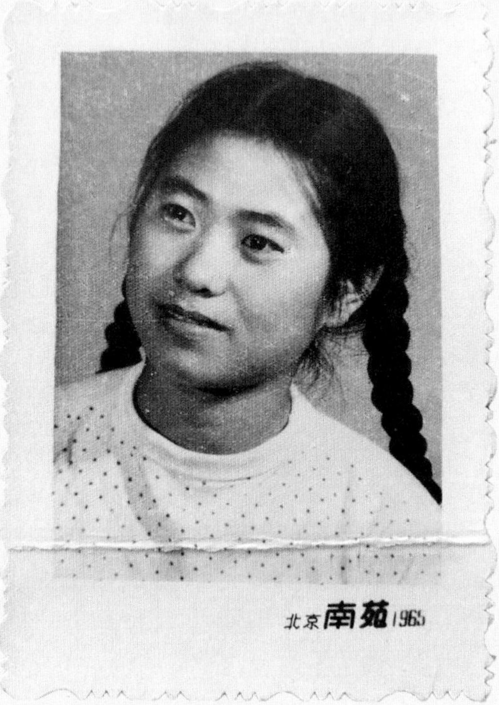
北京南苑1965

我的奶奶

写《奶奶家》，自然要重点写写奶奶家的女主人——我的奶奶。

1941年是蛇年，我的奶奶出生在山东威海的一个小渔村，所以奶奶爱说她是属小龙的。

奶奶小的时候，家里非常贫穷，全靠她的爷爷打鱼来维持生活。奶奶的父亲，也就是我的太姥爷，13岁就到哈尔滨当学徒，后来又去了俄罗斯打工，直到1946年才回国参加武装革命。64岁时，太姥爷因为脑溢血去世了。

太姥爷在国外打工时，太姥姥一人挑起了家里的重担，日夜操劳，积劳成疾。因为太过劳累，太姥姥病倒了。于是，4岁的奶奶和她10岁的哥哥，就学着太姥姥的样子干农活，提前挑起了家里的重担，也因为每天干活而耽误了学习。奶奶5岁上学时，因为家里穷，没有书本，只好借同学的纸拿来写一写。就这样，奶奶光一年级就上了四次。太姥姥见状，为了让孩子能有更好的前途，就把当时已经14岁的奶奶送到北京，跟着奶奶在北京部队的舅舅——也就是太姥姥的弟弟上学。

中学毕业后，奶奶留在北京工作。起初，奶奶在一所小学做大队辅导员。她工作非常认真和负责，有一天半夜下大雨，奶奶还赶到学校，关好了学校的所有门窗。她帮学生们排的歌剧，受到学校领导的好评，还登上了人民大会堂的舞台。

1966年，奶奶在天安门上光荣地受到了毛主席的接见。事后，有记者采访了奶奶，发在《解放军报》的头版。

我的爷爷和奶奶是组织上介绍认识的，因为住得远，他们一星期才能

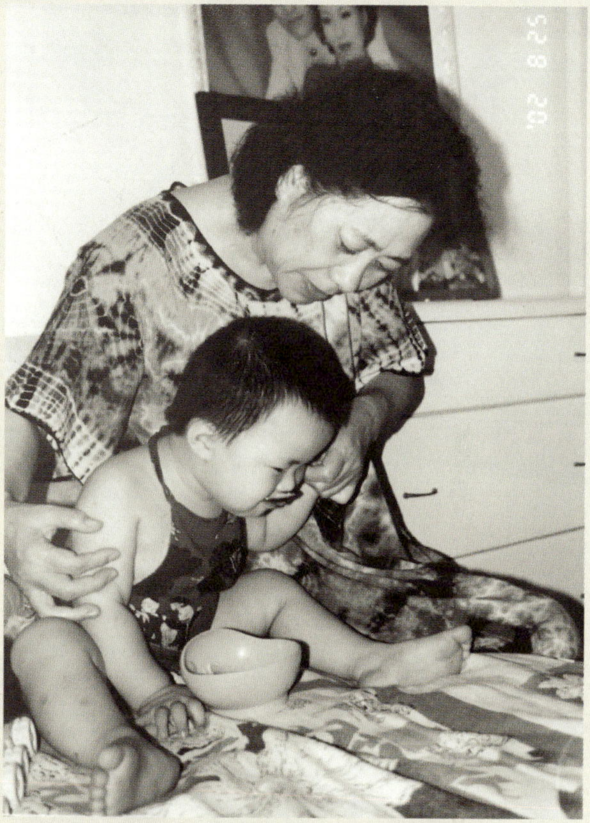

见一次面。后来，由于国家跟苏联关系紧张，部队上要求爷爷复员，到平顶山支援新煤城建设。于是，爷爷奶奶只好把当时只有 1 岁的我爸爸和 3 岁的我伯伯送回山东老家，由太姥姥照顾，而奶奶还留在北京工作。

一家四口被迫分居三地，这肯定不是个长久之计。过了一段时间，经过深思熟虑，奶奶主动要求调到河南，与爷爷团聚。

在北京待得久了，奶奶的普通话说得很好，便在平顶山矿务局广播站当上了主播。四年后，奶奶回到教育本行，进入新成立的矿务局教育处工作。后来，她又担任了平顶山矿务局教师进修学校的首任校长。

在教育系统工作了半生，奶奶培养出许多优秀的学生。1985 年 9 月，新中国第一个教师节，奶奶被评为先进教育工作者，奖品是一座钟表。虽然 30 多年过去了，但那钟表依然摆在奶奶家客厅最醒目的位置，每天还在准时地为我们报时。

一直当老师的奶奶，教育自己的孩子当然也有许多方法。她要求孩子做到“三好”：思想好、学习好、身体好。奶奶的两个儿子，也就是我的伯伯和爸爸，每天都要围绕“三好”展开竞赛。在星期日的晚上，他们汇报自己这周“三好”的完成情况，完成得好就会被奖励糖果。等伯伯和爸爸大一些了，还会发奖金，这个奖励政策一直坚持到他们考上大学。

奶奶的教育不仅影响着伯伯与爸爸，也影响着我。

至今我仍清楚地记得，每当我学习放松时，奶奶就会坐在床边与我谈心。我很乐意给奶奶讲学校里发生的事情，能看出奶奶也很乐意听。与其他的老人不同，年近八旬的奶奶思想总能跟上时代的步伐，所以我们的交流没有任何障碍，就像朋友一样说说笑笑，从不避讳什么。

这就是我的奶奶，奶奶家的女主人，也是《奶奶家》的女一号。

没有奶奶，就没有奶奶家，更不会有这本书了。

敬她。

爱她。

2004/ 1/22 11:23am

我的爷爷

我的爷爷生于 1937 年。爷爷的父亲，也就是我的太爷爷，是位读书人，读过许多书，学识渊博。他还是村里有名的医生，经常为村里生病的人打针。可惜太爷爷 31 岁就因病去世了，只留下太奶奶和两个未成年的儿子。爷爷是次子，当时年仅 2 岁。

家里失去了顶梁柱，太奶奶觉得天仿佛塌下来了。为了维持生计，太奶奶就扛着锄头，带着爷爷哥俩下地干活。虽然每天起早贪黑，但赚的钱还是不够每日所用。没办法，太奶奶就白天下地干农活，晚上在家里纺布。凭着太奶奶这样的艰苦持家，爷爷渐渐长大成人。

为了减轻太奶奶的负担，尽快改善家境，爷爷 18 岁去当了兵。

虽然入伍时爷爷的身高还不到一米六，没有优越的先天条件，但他在军校非常认真刻苦，毕业时还被评为优秀学员。毕业后，爷爷被分配到北京空军学校。因为勤于思考，爷爷经常有一些新颖的发明创造，比如步枪瞄准器等，不但得到部队领导好评，创新成果还被发表在专业杂志上。

1970 年国家精简部队，安排 40 万官兵转业退伍，爷爷也在其中。于是，他来到平顶山，支援新煤城建设。工作 2 年后，因为爷爷读过书、有文化，就从矿上被调到了铁运处，做人事工作，8 年后，又被调到机务段担任党支部书记。后来，爷爷进入新创建的平顶山矿务局广播电视大学管理站担任站长。

在电大，爷爷一如既往地努力工作，为国家建设培养了许多优秀的实用人才。为了让其他同事能与家人团聚，爷爷曾经连续十几年在除夕之夜值班，万家团圆的时候，他依然独自坚守在工作岗位上。因为大量的付出

北京国营首都

LUCKY BIRD

和收获，爷爷退休前被评为“全国广播电视大学先进工作者”，铸就了事业最后的辉煌。

这都是我不曾见证的爷爷的过去，是在我上小学时，有一年为完成寒假作业“我的家史”时听爷爷讲的。用戏剧创作中的术语来说，这些都是爷爷的“前史”，起着“塑造人物形象，让后面的情节顺理成章”的作用。因此，我更想给大家讲述的，是此后我自己观察到的爷爷——

爷爷与奶奶性格完全不同，相比于奶奶，爷爷更加严谨，对待大大小小各种事情都异常认真，这恐怕跟爷爷当兵出身是分不开的。拿一个很小的事情来举例吧——就是爷爷奶奶的做饭分工。在奶奶家，一般是爷爷负责用电饭锅煮米熬粥，奶奶则负责炒菜。每次做饭前，爷爷都会仔细地确认当日的吃饭人数，从而确定要倒多少米、添多少水。因此，爷爷熬的粥总是不稠不稀，刚刚好。

爷爷的这种性格，不仅体现在他的做事风格上，也体现在他对下一代的教育中。爸爸说过：“身为人父之后，我就暗下决心，一定要做一个跟我的爸爸不一样的爸爸。”可以想象，军人出身的爷爷，在对子女的教育上也是严厉有加，或者说是“准军事化管理”。因此，爸爸和伯伯在童年时，应该是有些惧怕爷爷的。但俗话说“棍棒底下出孝子”，或许正是爷爷的这种严格要求，才培养出了两个优秀的儿子。他们不仅自己很优秀，对父母也非常孝顺，这样才有了爷爷奶奶令人羡慕的晚年生活。

虽然爷爷有些时候不无执拗和死板，但换个角度看，他更拥有着常人没有的执着与坚持。在我其他文章中会陆续讲到，就是凭着身上那种韧劲儿，爷爷硬是在八旬高龄先后学会了使用滴滴打车与微信聊天，从而不被飞速行驶的时代列车落下。就在昨天，爷爷还在我们的家人微信群中，分享他在新家露台上拍的桂树和无花果——多么热爱生活的老人啊！

多的是——
我不知道的事

奶奶家住的老院子，不比现代的小区有着科学的照明设计，这里的晚上没有路灯，也没有地灯。拐进过道，只在路的尽头有一个大大的节能灯，让晚归的人勉强能看到回家的路。

初三的那段时间，学业十分紧张，权衡利弊后，我决定每天晚上也回比我们家近很多的奶奶家。天渐渐凉下来，太阳落山得早，夜长了起来。每天 6 点半放学，天空已经被染成深蓝色。20 分钟骑车回奶奶家，天基本已经黑透了。

那天放学回家，小院里漆黑一片，什么也看不到。为什么会这么黑?原来是过道尽头的节能灯没有开。我放慢了骑车的速度，才把自行车小心翼翼地停到了车房。

饭桌上，没等我说，奶奶就先开了口：“今天不知怎么了，楼下的灯坏了，石榴，刚刚骑车回来你能看清吗? ”奶奶的细心让我吃了一惊。

“我一般都是下午下楼时把灯拉开，那节能灯亮起来需要个过程，等你 6 点多回来时，灯的亮度刚刚好。我今天下楼，拉了好几次灯绳都没反应，这灯怎么就突然坏了呢……”没等我回答，奶奶碎碎念似的抱怨着。

我心里突然颤了一下，本以为那灯每天在社区里有专人负责打开，怎么也不会想到，每天晚上为我把路灯点亮的人——居然是奶奶。

一连几天，楼下的灯都没好。

“我今天又去给人反映了，他说马上就修。”

“这晚上没灯，路得多黑啊……”

“石榴，你回来可千万小心啊，别骑太快了。”

…… ……

就这样，路灯的事，奶奶一连说了好几天。

大约过了一个星期，那个路灯终于修好了，奶奶才算松了一口气，这事儿也就过去了。

现在想想，如果不是那次的路灯故障，我还真的不知道，每天都是奶奶特意帮我把灯打开——那么，我不知道的事，还有多少呢？

也许，奶奶身体再怎么不舒服，但为了让我中午能准时吃上饭，她还是强撑着起来为我做饭；

也许，年届八旬的爷爷为了让我晚饭喝的粥营养更丰富，孜孜不倦地跟着电视上的美食节目学习；

也许，妈妈为了方便周末去学校接送我，不得不留心地保养她自己平时几乎从来不骑的电动车；

也许，爸爸只是为了多陪陪我，就推掉了周末所有的应酬，都说他一定忙得不得了的爸爸，在我眼里却似乎显得比别人家的爸爸都更不忙一些；

也许……

这样的事情一定有很多很多，说实话，我不敢去想。这些事一天天一月月一年年消融在忙碌繁杂的日子，我想不起来问，他们也从来不说；我即便发现了，或许也只是生活深藏起来的一个小小的角。

想到这些，心里突然有些酸酸的。“蝴蝶眨几次眼睛，才学会飞行；夜空洒满了星星，但几颗会落地……”到底还有多少事，是我所不知道的？

家常饭
为我留住家的记忆

12：00放学，我以最快的速度骑车回家；12：20到达奶奶家楼下，以最快的速度把车停在车房；又以最快的速度冲上楼，打开门后大叫一声：“我回来啦！”

记忆中，那三年的每一天似乎都是这样。

2013年秋天，我上初中——在二实验。

早就听爸爸在我耳边讲起二实验的种种优点：这里有丰富多彩的实践活动，每位老师对教学都充满激情，在这里会得到许许多多锻炼的机会。

不过，爸爸也有顾虑。二实验是一所公办学校，大部分学生都是划片就近入学，因而学校不提供住宿。这样，我每天中午在哪儿吃饭、在哪儿休息就成了大问题。

学校在纬二路，离奶奶家不远，骑车也就十几分钟的路程。爷爷奶奶都已年过七旬，操劳了一辈子，落下了一身病，奶奶甚至起床太早就会头晕。我实在不忍心让爷爷奶奶每天为我做饭。纠结许久，也想过许多其他的方案。但在当时看来，每天去奶奶家吃饭、午休是最好的选择。于是，这每天为我做午饭的艰巨任务便落到了年迈的爷爷奶奶身上。这一做，就是整整三年……

现在想想，那三年里最深的记忆，就是奶奶家破旧的老房子，和每天中午充满欢声笑语的饭桌。

奶奶家厨房灶台前有一个小窗户，通过小窗户正好能看到车房。每天中午，奶奶总是在这个小窗户边等待着我的出现。当她看到我骑车回来，到车房开门时，奶奶就开始盛菜。这样，我回家就能第一时间吃到饭，又不会存在饭菜凉了的问题。

初三那段时间，我临近中考，作息相比以前没有那么规律，有的时候

海天
宴会香

不在家里吃中午饭。而爸爸因为工作的原因，有时去参加活动，中午也不回奶奶家。

起初，我们采取的方案是，每天中午吃饭时，确认第二天吃饭的人数。后来，因为我和爸爸的回家时间太过杂乱，爸爸干脆为奶奶编了一个口诀表，写在家里的挂历上："周一周五中午来，周二周四全天在，周三只有晚上回，周末两天全不来。"从那以后，奶奶每天上午再也不用跟爷爷反复确认中午回不回来、都谁回来，只需按照口诀表准备就行了。

那三年的时间里，爷爷奶奶为了我中午能吃上可口的饭菜，真的没少费心思，纵然他们总是说"不过是些家常便饭"。爷爷奶奶分工明确，爷爷负责用电饭煲蒸米饭，奶奶负责炒菜做汤。随着时间的推移，老人的身体越来越吃不消了，做中午饭几乎成了他们每天最大的任务。爸爸也多次劝爷爷奶奶，让他们回威海老家休养，可爷爷奶奶就是不肯。在中考前的关键时期，他们要亲自给我做饭、保证我的饮食质量。

就这样，爷爷奶奶一直坚持到我中考。就在我考完的第二天，他们坐飞机回了威海。

记得有次看湖南卫视，汪涵说："翻炒，是情感的升温；糖醋，是情感的蜜意。这何尝不是一种柔情呢？"是啊，一个家温情的传承，在某种程度上也是家常饭的传承。直到现在，还经常能听到爸爸妈妈在吃到某种美食时，会说一句："嗯——这跟小时候的味道一模一样。"在家常饭中，我们能找回太多太多的记忆；家常饭也为我们留住了太多太多的记忆，关于小时候，关于家。

我初中毕业以后，每天中午一家人围坐在奶奶家的饭桌前谈笑风生的场景就难以经常出现了，爷爷奶奶如今长住威海老家。今年过年，我们是在威海跟爷爷奶奶一起过的。虽然不是在顺河路的奶奶家，但进门的时候我还是像初中时一样，大喊一声："我回来啦！"

"哎——石榴回来啦，饭也好了！"奶奶高声地应道。初中时在奶奶家的记忆和感觉一下子都回来了，真好。

最馋奶奶那几样拿手菜

从没想过，在俄罗斯足球世界杯期间，我会吃上奶奶亲手做的小龙虾。

据报道，在俄罗斯世界杯开幕之际，湖北产的10万只小龙虾，被加工成熟食运往俄罗斯，它们只需要在微波炉里加热5分钟便可以享用。就这样，“世界杯和小龙虾”成了全球人看足球时的“标配”。爱看世界杯的球迷加上小龙虾，使球赛看得有滋有味；爱吃小龙虾的吃货顺便看看世界杯，也好在别人聊起世界杯时自己有讪可搭。

小龙虾——这可是近些年才兴起的时尚美食，深得年轻一族的青睐，几乎是他们夜宵时的必点单品。不过，我可是要在家里吃上小龙虾了啊，做虾的大厨就是我的奶奶！你是不是也跟我一样吃惊，一位年近八旬的老太太，真的会做一道如此时尚的菜吗？

端午节，正好跟在期末考试后面，我也难得有闲暇去离奶奶家不远的惠济万达看了场电影。因为看的是上午场，遗憾地错过了小龙虾的制作过程，本应该好好观察并好好拍一下的。回到家，一大盆小龙虾已经上桌，浓艳的色泽相当地诱人。

为了迎合我的口味，基本上不吃辣的奶奶，还特意把小龙虾做成了麻辣口味的。看我吃得倍儿香，奶奶还不忘在一旁助兴：“小龙虾和世界杯最配了！”一时间，又一次被眼前头发已经完全花白的奶奶所震撼。我分明清晰地看到了，在她渐渐老去的容颜之下，是一颗依然年轻的、勇于挑战的、喜爱时尚的、从未老去的心。

与小龙虾一同上桌的，是另一道美食——龙利鱼。相比于极富挑战性的世界杯小龙虾，龙利鱼算是奶奶最熟悉的拿手菜。龙利鱼是海边的特产，

它的肉鲜嫩肥美，还没有刺，若干年前头一回吃到时，我就对它一见钟情。看到我吃得津津有味，奶奶每次从威海老家回来时，都会提前买一些龙利鱼带着，冻在冰箱里慢慢给我做。从顺河路的奶奶家，到威海的半月湾，再到大北区的新家，有奶奶的地方，我就能吃到龙利鱼——这最最亲切的奶奶的味道。

奶奶说，她是在退休后才开始学做饭的。以前，奶奶在工作上也算是“拼命三娘”，家里的事儿一股脑儿都扔给了她的妈妈——我的太姥姥，包括做饭——因为她根本就不会做饭！

20年前，奶奶退休了，有时间了，太姥姥年纪也大了，身体更不好了，于是，奶奶从她妈妈手里接过了炒菜勺。不过，奶奶做饭的手艺却不是跟太姥姥学的，她不满足于太姥姥做的家常菜。奶奶最初的“师傅”居然是我爸爸！

毕业后，独自来到这个陌生的城市打拼，爸爸迫不得已学会了做饭，无师自通，且常有创新。奶奶来郑州看望儿子时，跟我爸爸学着炒了几道菜，味道果然不一般。当然，奶奶如今青出于蓝而胜于蓝，她凭借着敢于尝试的精神和“不耻下问”的态度，手艺早已把她师傅甩出了几条街，哈哈。

奶奶表达爱的方式，就是使出“浑身解数”在周末为我做几道拿手菜。在得到我的充分肯定和高度评价后，奶奶立马饶有兴趣地介绍下星期要闪亮推出的新菜品。除了“招牌”龙利鱼外，奶奶做的红烧肉、炸带鱼、啤酒鸭、糖醋鸡翅，味道都不是一般的好。前不久，她又尝试自己做茶叶蛋、烙手抓饼，还动手包包子、煎牛排……

假如奶奶开一家小饭店，生意一定会爆棚吧。店名我都替她起好了，就叫——“奶奶家”。

八旬爷爷的“滴滴传奇”

如果一个人每天拿着智能手机，用打车软件叫车出行，用微信接收别人发来的图片，逢年过节自己编写短信为大家送上祝福……大家一定会说，这不是很正常吗？我现在身边的每一个人几乎都是这样啊！但如果我说，以上提及的种种情况，都发生在一个刚刚庆祝过八十大寿的老人身上，那么，你们或许诧异、惊奇，甚至不敢相信吧。

其实和大家一样，听到一位八旬老人每天自己用智能手机叫车去看病，我也会认为这是不可能的事情。但当这一切真真实实地发生在我身边时，我才发觉，这并不是传说。因为那位年过八旬的老人就是——我的爷爷。

这个传奇故事的开头，是这样的——

奶奶家在顺河路上，与爸爸的单位是前后楼，将近 20 年来一直如此。然而，今年年底，爸爸单位就要搬到黄河岸边的大北区了，同事们也都做好了转移生活圈的准备，爸爸亦是如此。爸爸的生活圈北移，爷爷奶奶自然也要跟着去。奶奶很是欣喜，对即将入住的新家充满憧憬；而爷爷，却有自己的心事……

爷爷奶奶常年威海、郑州两地跑，而在郑州的这几个月，爷爷几乎每天都要固定地去河南中医学院第一附属医院看病扎针，因为那里的夏大夫最了解他的病情，总能对症下药。奶奶家在顺河路上时，爷爷每日坐公交车来往医院，虽然有些辛苦，但还算方便。将来搬到大北区了，没有顺路的公交车，快速公交和地铁短期内更是不可能，可怎么去位于人民路上的医院呢？一时间，这成了爷爷最大的焦虑。

最初爸爸提出的方案是，每天在爷爷出发时，爸爸用“滴滴出行”帮爷爷

叫车；等爷爷看过病，给爸爸打电话，爸爸再给他叫“滴滴”。但这种方案存在很多问题：如果爷爷需要车时，爸爸在开会或者正在忙怎么办？爷爷如何得知车的型号与车牌？爷爷不能与司机直接联系，双方找不到约定地点又该怎么办？

纠结了许久，爸爸试探地问爷爷：“爸，你能尝试自己学着用‘滴滴’叫车吗？”从语气中不难听出，爸爸对年过八旬的爷爷能否学会用手机软件，心里也没底儿。面对生活中的小困境，军人出身的爷爷选择了知难而上。抱着试一试的心态，爸爸开始耐心地教，爷爷开始认真地学，结果不出两天，爷爷就能得心应手地使用“滴滴”了，这是他手机上下载的第一个软件。如此一来，搬家带来的所有问题都迎刃而解，爸爸调侃说：“早该料到你爷爷是有这个实力的！”

餐桌上，爷爷不时会饶有兴致地讲述自己的叫车经历。爷爷说，几乎每一位司机最初见到他都不敢相信，惊讶地问：“车是您自己叫的吗？”当爷爷得意地说“是”的时候，司机总会投来敬佩的目光。

“八旬老人天天使用手机软件叫车”——这是一个我认为可以上新闻的传奇故事；而创造传奇的人，就是我的爷爷。

爷爷奶奶总是说，给儿女最大的礼物，就是自己健健康康地好好活着，力争多多延长生活自理的时间。让儿子安心上班，孙女专心学习，尽量不给孩子们添麻烦，就等于在帮助他们。

——我为有这样的爷爷奶奶而骄傲。

奶奶居然也有了自己的手机

相比于爷爷的“滴滴传奇”，奶奶对电子产品才真的是一窍不通，曾经很多年，她连有线电视的机顶盒都不会用，每天等着爷爷给她开电视、关电视。奶奶家的电话座机，也是专为奶奶留的，因为那几乎是她与外界唯一的联系渠道。

然而，一个偶然的机会，让奶奶也有了自己爱不释手的小手机——

起初，为了让奶奶方便联系，伯伯尝试着给奶奶买过老年人用的智能手机。但因为奶奶眼睛不太好，用起电子产品来十分吃力。先后几个手机，最后都变成了奶奶听歌专用的 MP3。

后来，爸爸实在无法接受奶奶没有手机的现状，也在网上给奶奶淘了个老人专用的手机。可是，在爸爸看来已经简单至极的功能，对奶奶来说依然是复杂无比。于是，奶奶又多了个 MP3。

“石榴，你知不知道奶奶现在有了个很棒的手机？”那天在餐桌上，爸爸饶有兴致地问我。“我现在去里屋给奶奶打个电话，你在这儿看着啊！”没等我答话，爸爸就迫不及待地向我展示。

不一会儿，电话响了——

“来电话啦！来电话啦！”奶奶拿起胸前挂着的一个小东西，轻轻摁了一下。

“妈，你在干什么呢？”

“今天石榴回来了，我们正在吃晚饭呢！”

“哇，听起来很不错哟！”

“是呀，石榴又长高了。”

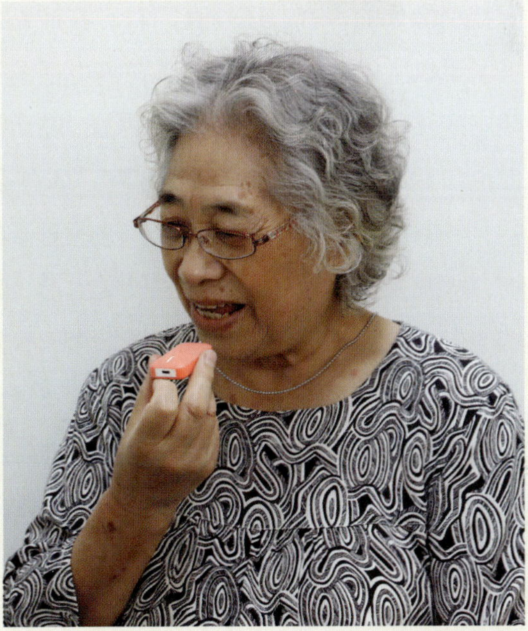

“那你们好好吃，我也过去……”

看着眼前这母子俩有爱的表演，我不禁也被感染得大笑起来。

奶奶的手机很小，和普通的车钥匙差不多大，玫红色的，挂在胸前很醒目。我有些好奇：“爸爸，你从哪儿给奶奶弄的这小玩意儿？”

“其实我也没预料到。上次给奶奶买的手机她一直不会用，我都有些死心了。有一天我逛淘宝买装修的东西，突然就看到了这个。其实它本身的功能主要不是打电话，而是通过电脑定位。比如放在钥匙上，防止钥匙丢失；或者给老人和孩子带在身上，掌握他们每天的行踪；也有人把它拴在小狗的脖子上，就可以知道狗狗跑到哪儿玩了……”爸爸耐心地向我介绍。

“定位的功能，奶奶暂时还用不上。不过，它也有打电话的功能，正好能满足奶奶的需求。”爸爸说，“这种定位手机只有一个按键，只能给一个号码打电话，我把它设为爷爷的手机号码。这对于奶奶来说，已经足够了。”

这时，奶奶也急不可耐地要说话：“石榴，爷爷说这个电话的来电提醒特别像你的声音，还一直问我，石榴是什么时候录的。”说着，奶奶按下了手机上唯一的按键。“正在打电话给——思明，正在打电话给——思明。”手机里传来了一个女孩的声音，说话很僵硬，感觉像是系统自动读的。但也许是因为爷爷奶奶太爱我了吧，看什么听什么都有我的影子。

爷爷的滴滴，奶奶的手机，这些对于年迈的老人本来想都不敢想的事物，却开始慢慢地融入他们的日常生活，方便着他们的联系和出行，提高着他们的生活质量，让他们离这个世界不至于那么远。

这个时代正在以日新月异的速度发展着，智能手机、共享单车、移动支付等新科技产品的出现，让年轻人的生活越来越便捷，而老年人却似乎只有被动地接受。尽管被动无奈，尽管踉踉跄跄，好在我的爷爷奶奶也算跟上了时代，哪怕他们已经是八旬老人。

没想到爷爷能把微信玩得这么溜

《奶奶家》大多直接成篇，没有诸如“欲知后事如何，且听下回分解”一类的话。因为它不是小说，而是由我这十几年来支离破碎的记忆片断、组合而成的关于奶奶家真实生活的记录。但我今天忍不住要为其中的一篇文章写个续集，它也许会比上一篇更吸引你，至少我希望如此。

在《八旬爷爷的“滴滴传奇”》中我曾讲到，爷爷在所有人的意料之外迅速地学会使用智能手机，并且每天都熟练地叫“滴滴”快车去医院看病。这对于一位年过八旬的老人，真的称得上是“传奇”了。然而，没有最传奇，只有更传奇，近来我爷爷又学会了一项新技能——使用微信。

说到微信，要追溯到今年在威海过年的时候——

近些年，微信的用户超过QQ、微博，独占了社交软件中的“鳌头”。微信中的抢红包功能，更是一经推出就风靡全球。过年的时候，抢红包的人数更比平时又多加了几成，俨然成为现象级的文化活动。

经历了上一次爷爷迅速学会“滴滴”的传奇事件后，我们都对爷爷能学会使用微信充满信心。不出所料，在老家团聚后，伯伯给爷爷的手机上安装了微信软件，爷爷以惊人的速度掌握了要领，并于除夕夜当晚，在家人的微信群“团圆年”中体验了抢红包的乐趣。爷爷又一次让我刮目相看。

原来，我们给威海老家的爷爷奶奶打电话问候可是件大事。爸爸总要等我每周回家时，又算着爷爷奶奶应该都在屋里的时间，再打电话。因为爷爷的听力不太好，所以我们尽量打房间里的座机。也许是爸爸积累了多年的经验，打去的电话大多正是时候，但有时也会遇上爷爷奶奶去食堂吃饭或去院子里锻炼，只能遗憾收线，再找时机。

圣经
家庭养花大全
家庭医学全书
中药大辞典 附编
中药大辞典 下册
中药大辞典 上册
古今汉语词典
肝病

自从爷爷加入了微信行列，我们之间的联系就方便多了，频率也高了。平时有什么值得分享的趣事，都可以直接发在我们家的微信群中。

军人出身的爷爷，直到现在做什么事还是异常地认真。爷爷的微信设置了消息提醒音，每当有人在群里发东西，他总能很快看到并回复，还会找时间读给眼神不好的奶奶听，比如半岛局势，比如养生常识，还有关于老家发展的信息。

平日里，做媒体的爸爸在微信群里最活跃，发得最频繁。爸爸发的任何东西，无论是文章还是图片，爷爷都会仔仔细细地看，又仔仔细细地一点一点用手机键盘打下自己的感想。每当看到爷爷回复的文字，我都由衷地佩服，佩服他居然能跟上数字化时代的脚步。有时也觉得他特别可爱，这么大年龄了，还像小学生交作业一样认真。

写下这些文字的日子，正巧是母亲节，一家人去小区门口新开的饭店“吃大餐”，我因为要上专业课而抱憾缺席。为了弥补我的遗憾，爸爸在微信群里给我直播他们在饭桌前的情景。照片上的爷爷奶奶，似乎比前些年更年轻了，笑容洋溢在脸上，并且是大笑，发自内心的，富有感染力的。

“奶奶笑得好开心呀！”我评论道。

“因为高兴啊！等你周末回来一起玩，会更开心。”这是爷爷的原话。

看着微信群里的对话，我不由得又笑了——嘿，我的爷爷呀，真是个又萌又时尚的潮老头儿！

奶奶“自救”的本领
无人能比

讲到奶奶的“自救”，又是个传奇的故事，那令人吃惊与赞叹的程度，丝毫不亚于爷爷的“滴滴”与微信，至少在我们家无人能够超越。

你能想象一个年近八旬的老人，每天早晨四点准时起床，自己进行全身的经络与穴位按摩，一直按摩到七点半吗？一次按摩三四个小时，一天两次，总共将近八小时，日日如此。

看到这里，你可能会惊讶地张大嘴巴，一点不相信我刚刚说的话，至少认为我有夸大的成分。你的样子不奇怪，因为我给身边的每个人讲起奶奶的“事迹”时，他们都是这种反应。似乎除了自家人对这种传奇的故事习以为常外，其他人听到这些，都是半信半疑，当玩笑听了。

奶奶的“自救”，源于她曾经林黛玉般的体质。人到中年的奶奶身体虚弱，患过许许多多大大小小各种各样的病：高血压、高血糖、糖尿病、心脏病……用奶奶自己的话说：“别人有的病，我有；别人没有的病，我还有。”

俗话说“久病成医”，一身病的奶奶买来各种相关的书籍，学习能够缓解病症的方法。她还每天坚持收看北京卫视的《养生堂》，把专家们说的养生法一点点记在心里，记不住了，就用笔写下来。实践是检验真理的唯一标准，奶奶就在自己身上，反复实践在电视上学到的知识，终于摸索出一套最适合自己的养生方法。

听说我要记下她的“自救”故事，奶奶趁周末专门给我讲解了自己每天按摩的流程。从头到脚，从经络到穴位，每一个步骤，她都了然于心。

奶奶学习按摩，不仅让自己的身体一天比一天好，她还会时不时地教我一些治疗突发疾病的办法。在我因吃辛辣食物过多而肚子疼时，在我由于久坐而腰疼时，奶奶总会在第一时间通过穴位按摩帮助我缓解症状，并相应地提出一些贴心的建议。

就在放假之前，坐在我后排的男生一直说自己头疼，我判断可能和我以前一样，是由于学习时间太长，导致脑子有些僵硬，从而影响学习效率。我就学着奶奶当时教给我的，把方法教给了那位男生。没过多久，那个男生激动地找我："你真神！我的头疼好久了，一直不好，按你的方法按摩，刚刚突然发现，居然一点也不疼了，这方法真好！"

奶奶就这样日复一日地坚持按摩，虽然头发已经花白，但精气神儿丝毫未减，心态越来越年轻，说话越来越中气十足。对于身体的变化，不仅奶奶自己感觉得到，作为孙女也是看在眼里记在心上，为有这样自强不息的奶奶而感到骄傲。"作为老人，要尽量延长能自理的时间，缩短不能自理的时间。"奶奶是这样说的，也是这样做的。

美国女作家斯托夫人在其名著《汤姆叔叔的小屋》中，借汤姆的口说过一句名言："你能自救，上帝才能救你。"我的奶奶呢，在介绍完一套完整的按摩流程后，则特意嘱咐我："石榴，你在文章中一定要写到一点，就是一定要坚持，坚持到底就是胜利。奶奶就是因为天天坚持，才有了今天的身体。"

看着神清气爽、目光坚毅的奶奶，再想想身体不时出现点小状况的自己，心里很是感慨。眼前的这位老人，虽然对最新的健身潮流了解甚少，但她身上经历岁月磨砺的珍贵品质，值得我学习的，太多，太多。

爷爷奶奶
很少主动打电话

在我的印象中，爷爷奶奶很少主动给爸爸或者我打电话。

上初中时，临近中考的一段时间，学业十分紧张，权衡利弊后，我还是决定每晚也回离学校较近的奶奶家。二实验非常注重学生的健康，每天下午 6 点半就放学了，骑车回到家也还不到 7 点。这时，奶奶往往已经精心准备好饭菜等我回来；而爸爸，有时因为手头的活儿还没干完，所以不能按时下班回家。

“石榴你饿了就先吃，吃完去复习功课，初三紧张，不用等你爸。”遇到此类情况，爷爷奶奶总是这么说。可是，让我这个家中最小的晚辈先动筷子吃饭，这于情于理都不合适呀。所以，我一般会先回房间复习，等一家人都到齐后再一起吃。

而让我很纳闷的是，不管爷爷奶奶等多久，他们都很少给爸爸打电话。要是我，到点了如果不见爸爸的身影，绝对先是一通电话打过去问问情况再说。这个疑问，一直埋藏在我心里。

上周的一个晚上，学习之余，我跟爸爸说：“我想爷爷奶奶了。”的确，爷爷奶奶去威海也有一阵子了，中考时的朝夕相处让我和他们的感情更深了，现在分开这么久，真的挺舍不得的。“想了，咱们就给爷爷奶奶打个电话？”爸爸提议。亲人在远方，有时能听到他们的声音就是一种安慰，我当然是积极响应。

“嘟——嘟——嘟——”电话通了，是爷爷接的。

“爸，在那边儿怎么样？石榴说想你们了，所以给你们打个电话。我让石榴接电话啊！”

福

“我们这边儿挺好的，我和你妈刚刚散完步回来，郑州是不是很热啊？”爸爸特意把手机设置为免提，爷爷的声音我们都能听到。

“郑州这几天是挺热的，不过好在有空调，在家里待着要好受些，我们尽量不出去。”

……

“爷爷，让奶奶接个电话吧。”

“石榴，”电话那头传来熟悉的奶奶的声音，“我和你爷爷可想你们了！但不知道你们在郑州忙什么呢，所以也不敢打电话打扰。”

奶奶的这句话，让我想起了她临行前对我说的：“石榴，其实到我们这个年纪，对子女最大的帮助，就是不打扰。你想想，你爸爸妈妈每天工作多忙，你上高中后学业多紧张，每天起早贪黑得多辛苦啊！要是这时候我和爷爷的身体再出什么毛病，不是给你们添乱吗？所以，我和爷爷自己学习养生锻炼，自己坐飞机到威海调整身体，自己买菜做饭。你爷爷 80 多岁了，宁可自己花钱叫‘滴滴’去医院，也不想麻烦你爸爸。我们就是想着，在自己还有能力的时候，尽量少麻烦你们，以后有的是需要你们照顾的时候。我们要尽量延长自己能够自理的时间，尽可能地减少需要你们照顾的时间……”

这，应该就是爷爷奶奶很少给爸爸主动打电话的原因吧。或许在他们心里，一通电话就有可能耽误爸爸的工作；或是打电话催爸爸回家吃饭，会让爸爸心情焦躁，从而不能保质保量地完成手头的任务。

也许是在电视剧中看过太多不让人省心的父母，所以看到爷爷奶奶的举动，难免让我为之动情动容。正因为爷爷奶奶非常非常地爱我们，所以才努力地锻炼身体保证健康，所以才不愿意主动给我们打电话，所以遇到什么事都“自己来”，能不麻烦我们就不麻烦我们……

从爷爷奶奶这里，我又学到了一种爱的方式——不打扰。

BH

身后有你

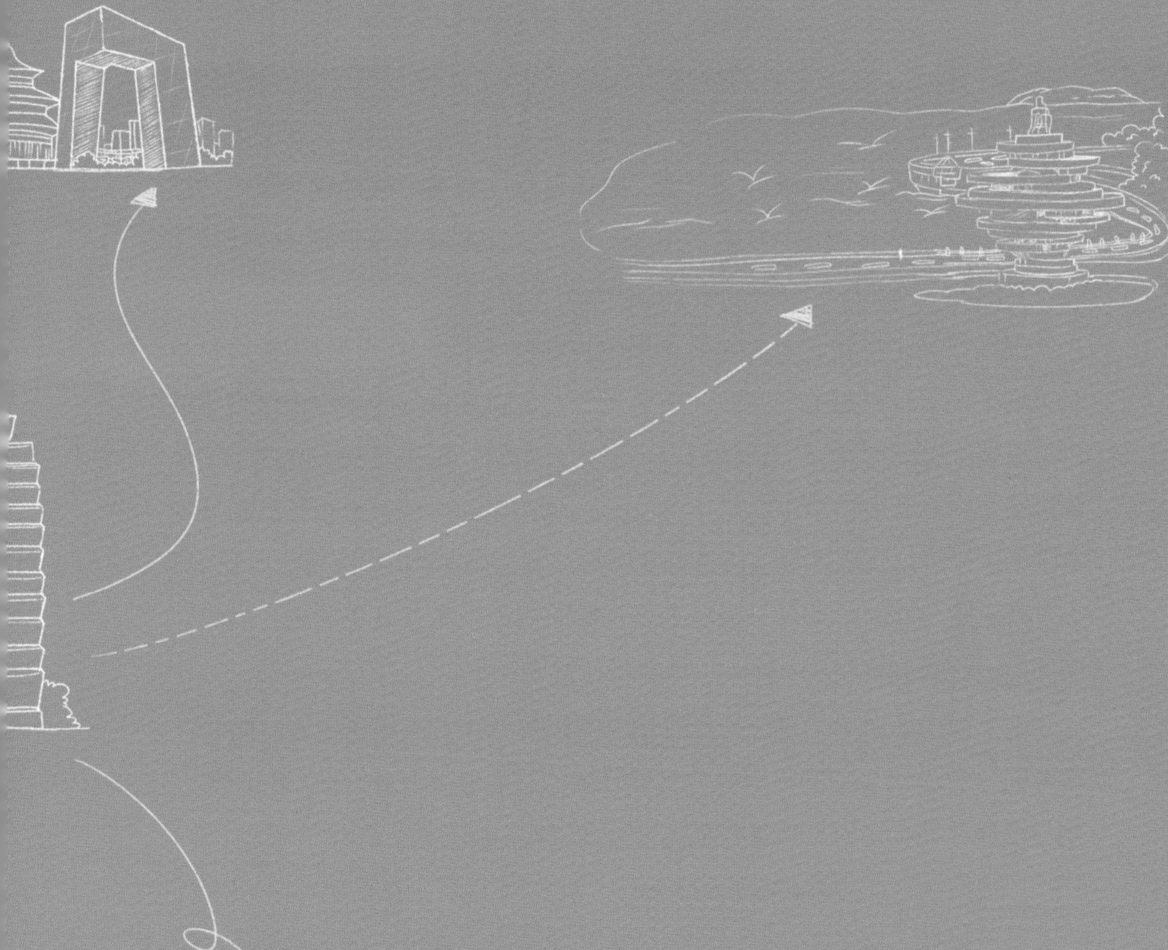

纸盒里的记忆拼图，一块都不少

过年时，一位做旅拍的摄影师朋友在微博上晒出一张照片，是他一年中为了摄影去往各个城市的火车票、飞机票。这些车票被摆成了爱心的形状。看着照片，突然心中有说不出的触动，仿佛透过这一张照片，就能跟他一同回味一整年的时光。

细细想来，在我这十几年的人生中，也去过不少地方。我曾拉着爸爸妈妈的手，走过祖国的天南地北海角天涯，也曾独自跟着学校去过日本演出，泰国、美国都留下了我的足迹。这些火车票、飞机票都去哪儿了？也许顺手放在衣服的口袋里后来不知去向，也许想着它们已经没什么用了便随手丢进垃圾箱，也许放进废纸堆里被当成废品卖掉……

突然感到莫大的遗憾，没有把这一张张车票、机票收集起来，如果它们都在，就能串起我从小到大关于远行和远方的记忆了。

那个周末，在奶奶家。吃过晚饭，我把那张照片拿给爸爸看，特别羡慕地说："你看这个摄影师把他去世界各地的票都留了下来，多有意义呀！"

爸爸看了看照片，淡淡地说了一句："咱们也有啊。"

"咱们也有？"我有点惊诧。

爸爸起身，从奶奶家书房的柜子中间的一层，拿出一个不算精美的纸盒子递给我。一打开，我激动得差点哭出来。小盒子里装着很多大大小小的票：火车票、飞机票、电影票、话剧票，还有各个景区的门票……

我把它们拿出来一一翻看，那些回忆像拼图一样渐渐完整——

我们拉着手在雨中奔跑，在去往汪峰演唱会的路上，在去往杨坤演唱会的路上，在去往罗大佑演唱会的路上……说来奇怪，几乎我看的每一场演唱会，郑州都下雨。都说萧敬腾是歌星中的“雨神”，那我就该是观众中的“雨神”吧？

我们拉着手在老北京的街道上漫步，刚看完话剧《骆驼祥子》的我们，有时觉得自己就是剧中的主角；

我们拉着手狂奔在深夜的海口街头，询问五六家电影院，去寻找一场有空位的《爸爸去哪儿》的电影；

我们拉着手坐将近20小时的飞机飞往美国，在洛杉矶傍晚的乡村看夕阳西下，在时代广场、自由女神像等地标性建筑前，一次次地唱起那首熟悉的《*Cups*》；

我们还拉着手回到威海，登上雪后的元宝山，流连微澜的半月湾。在走过千山万水看过世间风景后，恋上这个气候宜人的海滨城市，恋上老家的味道……

那些让我感动过的电影、令我疯狂过的演唱会，还有那些年我与不同的人去过的不同的远方。外面的世界，让我笑过、哭过、疯过，也震撼过。经历了很多风景，遇见了很多人，一天天长大的我逐渐意识到——青春不只有诗和远方，也有家和故乡。

一张张印满回忆的票券，如同零碎的日记，每一张都有着专属的味道。如果你细细去嗅，仿佛过去的时光就在鼻翼间跳动。那些日渐模糊或是依旧清晰的记忆，原来都被爸爸小心翼翼地珍藏在奶奶家的这个小盒子里，完整的拼图一块都不曾弄丢。

无意中在微博上看到一句话，感觉就像是爸爸对我说的一样：“这些故事我一直都记得，如果你的故事找不到，那就来读我的，毕竟我的世界里，一直有个你……”

登机牌
BOARDING PASS
刘肖
LIUXIAO
10C
航班
FLIGHT
SC4795
张惠妹2015乌托邦世界
内场
980元
河南机场集团
Henan Airport Group
郑州新郑国际机场
Zhengzhou Xinzheng International Airport
登机牌
座位号
Seat No.
3B
登机口
Gate
15
航班
Flight
HU7108
日期
Date
30JAN
登机时间
BDT
1910
目的地
To
海口
HAIKOU
姓名
Name
LIUXIAOHAN
刘晓寒
序号
Serial No.
票号
TKT No.
身份识别
ID No.
您登机前，再次确认登机口信息。
Please confirm your gate number before boarding
奥斯卡电影院线
www.hnoscar.com
OSCAR
http://www.hnoscar.com
类别
Kind
G1846
郑州东站

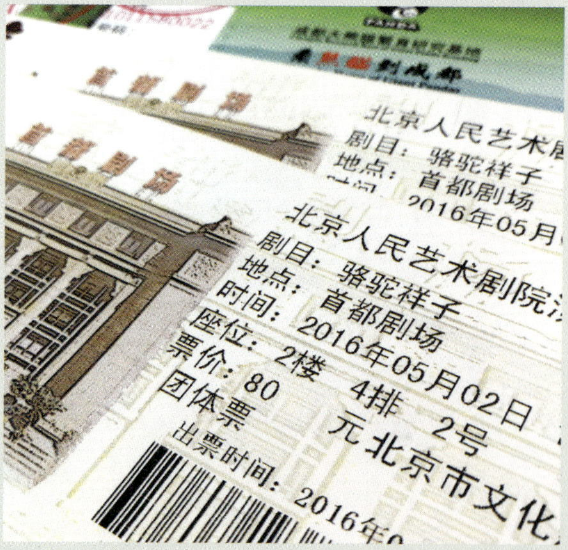

北京人民艺术剧院
剧目：骆驼祥子
地点：首都剧场
时间：2016年05月02日
座位：2楼　4排　2号
票价：80　元
团体票
北京市文化
出票时间：2016年0

TOP GRADE
谁·能·如·此·优
我不是药神

Save this Photo ID Card
Upon exiting the Skywalk tour, view your photos in the Gift Shop
Canyon Skywalk
www.hnoscar.com
万达影城
WANDA CINEMA
5号厅
承运人 CARRIER FM
航班 FLIGHT FM 9389 MU 9389
目的地 TO ZHENGZHOU
姓名 NAME LIUXIAOHAN
日期 DATE 02AUG
B
45K
保利票务
观众须知
河南艺术中心 河南保利艺术中心管理有限公司
剧目 Programme
话剧《在那遥远的星球，一粒沙》
日期 Date
2017年07月11日 19时30分
座位 Seat
1层 3排 1号
VIP 380元
儿童谢绝入场；1.1米以上儿童凭
资讯微信
温馨提示
演出前90分钟可
奥斯卡

我们的“我们”和《我们》

奶奶家的卧室大都朝南，阳光充足；只有一间是朝北的，做了书房兼客房。伯伯来了，就住在这里。电脑在这个北屋，需要上网的时候，我就来这儿。

北屋窗户右边的墙上，挂着一幅画像，手绘的作品自然显得别致，与书房的气质也更搭，那幅画出自一位陌生的阿姨笔下。

阿姨姓李，跟爸爸的一位朋友是大学室友。其实他们年轻时连认识都算不上，毕竟连面都没有见过，更不曾说过话。只能说是李阿姨常常从室友的口中，知道有这么一位帅哥存在。后来他们都毕业了，爸爸与那位朋友的联络日渐稀疏，跟李阿姨当然更不会知道或打听彼此的去向和下落。

让爸爸和李阿姨联络起来的，是微博。

这是一个关于“石榴树”和“格子裙”的网络故事。“石榴树”是爸爸的微博昵称，而“格子裙”就是李阿姨了。

自从有了微博，爸爸经常会在微博上分享些自己的文章，其中就有我们的系列《舌尖上的曼哈顿》。一个偶然的机会，“格子裙”遇见“石榴树”的微博，并且关注了。“格子裙”也会时不时地给“石榴树”评论，两人的互动就这样多了起来，像不少陌生而又熟悉的博友那样。

再后来，通过一些照片上的蛛丝马迹，“格子裙”发现“石榴树”原来就是自己大学室友常常提起的那个朋友；但“格子裙”并没有在微博互动中告诉“石榴树”，或许因为没有什么合适的契机吧。

2015 年那个炎热的夏天，正值李晨与范冰冰的热恋期，李晨在自己的微博中发了他与范冰冰的亲密自拍，配文只有简单的两个字——“我们”。

64% 21:39
微博正文
石榴树2000
15-7-5 06:42 来自 三星Galaxy NOTE III
1951 阅读
我们
相关推荐
转发
评论
赞

60% 22:01
石榴树2000
15-7-6 07:14 来自 三星Galaxy NOTE III
1367 阅读
谢谢@纯棉格子裙！ 夏日的早晨。淅沥的雨声。意外的礼物。温馨的感觉。@石榴花开2000
我们
2015.7.5.
转发
评论
赞

这条微博立马火了，“我们”也被大家伙争相模仿。说来真的是很巧，就在那几天，去方特游玩时我跟爸爸拍了一张合影，与李晨发的自拍构图极为相似，于是爸爸就把这张照片发在了他的微博里，配文也戏谑地只写了简单的两个字——“我们”。

李阿姨在微博上看到这张照片，特别感兴趣。她是学美术的，经常会分享一些自己的素描作品，于是就把我们的“我们”画了下来，发在了自己的微博上。

素描版的《我们》，给“石榴树”带来一股莫大的惊喜。他马上发私信给“格子裙”：“画得太棒了！可以送给我们吗？”“当然！”“格子裙”爽快地答应了，还表示要加个框再送我们。

相聚的地点约在了曼哈顿的青年餐厅，这也是我们《舌尖上的曼哈顿》系列的第15站。就这样，爸爸和李阿姨终于见面了，在他们最初知道彼此的20多年以后；“石榴树”和“格子裙”也终于见面了，在他们微博频繁互动的多年以后。

有人说，人的一生会遇到2920万个人，因而两个人相遇的概率，仅仅是0.00487。如果说，大学里的浅浅相识是擦肩而过的话，那么，微博中的深深交流应该就是命中注定吧……

许是因为李阿姨开朗的性格，许是因为她文艺女生的气质，许是因为我们对生活有相同的爱好，我和李阿姨一见如故，仿佛有聊不完的话题。一定要提一下的是，她家有一个可爱的狗狗“球球”，那是“格子裙”微博里的大明星，经常见她用画笔记录与狗狗在一起的有趣生活。我是多么希望自己也能拥有一只如“球球”般可爱的狗狗啊！

李阿姨依照“我们”画的《我们》，我更是爱不释手，回来就挂在了奶奶家书房最醒目的位置。每次坐在电脑桌前，抬眼就能看到。

你的房间里
那张靠窗的床

在奶奶家，爸爸有个房间，他值夜班晚了，就睡在这里。然而，最开始并不是这样的。

在我小的时候，爷爷奶奶的房间隔壁，这个朝南的屋子一直是太姥姥住着，里面有一张大床。在我幼小的记忆中，太姥姥一直是躺在床上的，有一次不小心摔倒后，她老人家就再没能下床。

小的时候，我在奶奶家住过很久。记得那时我去找太姥姥玩儿，也是要爬到大床上去。印象中这张床特别高，还以为是当时我小的缘故。现在我长大了，发现这张床依然很高，原来爸爸在高箱床上又加了厚厚的床垫。

听爸爸说，这张床是从红旗路搬来的。它是属于爸爸的第一套房子里置办的第一张床，买时花了 150 元。太姥姥随爷爷奶奶从平顶山来郑州看爸爸，就睡在这张床上。

后来，爸爸的房改房分到了顺河路，爷爷奶奶和太姥姥自此移居郑州，这里也便成了奶奶家。这张大床也随着搬了来，仍旧归太姥姥专用。

后来太姥姥去世了，在这张她躺了多年的高床上，在她心爱的外孙的怀抱里，走了。此后，这个房间很长时间没有住人，这张床也长久地空着，仿佛一个纪念馆默默地守在这里。

再后来，爸爸从北屋书房搬到了这个屋，毕竟这里阳光更好一些，毕竟生活还是要继续。床还是太姥姥的床，窗帘也是原来的窗帘，还有床头五斗柜上郁郁葱葱的富贵竹，一切基本上都还是太姥姥在时的模样。只是爸爸把原本靠着南墙的床头柜移了出来，把房屋中间的床往里推了推，让它紧靠着窗户，整个房间一下子显得大了好多。

房间里，只有书架是新添的，那是爸爸在网上淘的。送来的是一堆木板，我亲眼看着爸爸一块一块把书架搭了起来。书架的最上层，相框里在海边的照片，是回老家时我给爸爸拍的。中间的层板上，书旁边放着一张雪景照片，那是我们将要迁居大北区的新的奶奶家。书籍的空当有一个老酸奶的瓶子，是我们在成都过年时从宽窄巷子带回来的……经过爸爸的一番改造，这个不大的屋子愈发温馨，在太姥姥留下的气息里，又有着爸爸独特的味道。

我对这个房间和这张床最深的记忆，是上初中的那三年，有一段时间我每天晚上都回奶奶家住，爸爸自然要陪着我。

那时的学业特别紧张，回到家匆匆吃了饭，我就赶快回屋写作业。每当我写完一科的作业“课间休息”时，就会来找爸爸，一下子扑在这张大床上，感叹道：“你这儿好舒服啊！”——印象中每次说的都是这句话。

这时爸爸经常会说：“乖妞，我给你读篇文章吧？”我总是积极响应：“好的！”文章的类型各不相同，有爸爸在报刊上看到的文章，有当时最热的时政新闻和社会事件，但更多的是爸爸自己写的、关于“爸爸哪儿也不去”的故事。爸爸用心地读，我就躺在床上静静地听。有时文章读完了，我还意犹未尽要求“再读一篇”；有时还没有读完，我就因为太累而不知不觉睡着了。

当我睡着时，爸爸从不打扰我，他会让我好好休息一会儿。觉得时间差不多了，爸爸才会轻轻拍拍我：

“乖妞，课间时间过了，该起床了吧？”

自制台历
成了每年必备的生日礼物

有一对父女，突然在央视春晚的舞台上火了。他们没有坎坷曲折的选秀之路，没有令人喷饭的段子和视频，有的只是一组简简单单的照片。这对父女，每年都会在同一个地方拍一张照片，两人的站位不变，姿势不变，甚至尽量连取景的角度和景致也不变。这样的照片，如果只有一张，再普通不过。但他们一年又一年地拍下去，坚持了几十年，便成了一件震撼人心的事情。

无论什么事情，做一次都不难，但要是能把这件事坚持下来持久地做，并非易事，或许还能被当成新闻，为世人所称道。

在我们家，其实也做过不少能称得上是“系列”的事情——

小学时，我们家有“家庭周末读书会”，每周六的晚上如期举行，一期一期地坚持了 4 年 155 期；上初中后有《舌尖上的曼哈顿》，微博记录下了我们每次去曼哈顿品尝的不同的美食，我们甚至吃到了美国的曼哈顿。后来，我们家的“系列”中又多了一项——“石榴花开”生日台历。

我的生日台历始自 2012 年，那年我 12 岁，整整在这世间走了一轮。我的生日在年底前，爸爸突发奇想：石榴 12 岁，一年又是 12 个月，给她做本 12 页的台历，来记录这 12 年的成长，不是很有创意的生日礼物吗？就这样，又一个“系列”诞生了。

第一本生日台历的主题是“一年又一年”，封面是我刚出生的照片，在襁褓里刚刚睁开眼睛，迷茫地看着这陌生的世界。台历翻一张，我就长大一岁，从蹒跚学步、牙牙学语的孩童，到幼儿园吃嘛嘛香、身体倍儿棒的假小子，再到背着书包去上学的小学生……12 个月的台历，形象地浓缩

2004 · 我4岁
April
2008 · 我8岁
Passport
一年又一年
2013
2010 · 我10岁
2012 · 我12

2014
镜头里的世界

爸爸去哪儿

石榴花开2016
风到哪里去了

石榴花开 2017

了 12 年的美好时光。

这本生日台历受欢迎的程度远超想象，不仅放在我的书桌上，也放在爸爸妈妈的办公桌前、床头柜上，爷爷奶奶和姥爷姥姥拿到台历后更是爱不释手，时不时地翻看一遍。台历的图片被分享到博客后，甚至有外省的博友联系爸爸，求教制作方法，也要给自己的儿子制作类似的台历。

首制台历的大获成功，给了我们把“石榴花开”这个系列做下去的勇气和动力。于是，2014 年生日台历的筹备工作早早地开始了，主题是“镜头里的世界”，一听名字便知，这是一本我的摄影台历。我很早就迷上了摄影，懵懵懂懂地抱着单反相机，又懵懵懂懂地拍着这个自己还不够了解的世界。那时出现在我镜头里的多是一些风景：叶子上晶莹的露水，太阳落山时树枝的剪影，刚刚爬上夜空的月亮……

爸爸妈妈本以为摄影这件事会如我报的其他兴趣班一样，只是一时兴起，坚持不了多久，有时连我自己也这么想。但谁能料想，从我上小学第一次接触相机后，生活便再也离不开相机的陪伴。而今，我即将拥有一本自己撰文、自己摄影的图文书，甚至已经决定让摄影成为我大学四年的专业。

“爸爸去哪儿”“风到哪里去了”“那些年……”，在展现过不同的主题后，2018 年，我的生日台历迎来了第二个摄影主题——“一封情书”，聚焦我正在就读的河南省实验中学。此台历一出，立即在学校引起了巨大的反响，收到台历的老师把它放在办公桌最醒目的位置，还将它秀到教师群里。连一些我不认识的老师，也辗转托人讨要这本有心意、有情怀的摄影台历，让我好有成就感。

2018 年尚未过半，2019 年生日台历的主题已经定了，和这本书一样，也叫“奶奶家”。嘿，无疑这又是一本摄影台历。这本生日台历里没有阳春白雪、没有诗和远方，只有奶奶家热气腾腾的人间烟火——在我的镜头里。

穿过公园
有个“魔鬼路口”

那天，还在上着课，窗外纷纷扬扬地飘起了雪，越下越大。直到中午放学时，大雪封路，定是不能骑车回家了。

奶奶家距离学校不远，走路回家成了当时最好的也是唯一的办法。

回奶奶家的路线有两条：一种是正儿八经地走横竖交叉的大路，途中经过一条下穿隧道，再走一段路就能到家；还有一种是从附近的紫荆山公园穿过。小学数学就学过，两点之间直线最短，公园里环境优美，路程也会近很多。但这种路线有一个致命的缺点——中途会经过一个“魔鬼路口”：那个路口没有红绿灯，又恰好是紫荆山立交桥的下桥口，所以车速极快，造成极大的安全隐患。

纠结了许久，我还是选择了那条路程较短的线路。

回到奶奶家，老爸便问：“你从哪条路回来的？”

“从公园里穿过来的。”我答。

“不是给你说过尽量不要走那条路吗？你没见从桥上下来的车都跟疯了似的。今天还下雪，司机更不好控制车速……”爸爸有些生气。

“下次不要从那儿走了。”老爸撂下一句话便回屋了。

第二天早晨，雪倒是不再下了，但路上的积雪还没有融化，依然不能骑车去上学。“乖妞，等会儿我陪你走路去学校吧？”吃早饭时爸爸问我。“嗯嗯，好呀！”我兴奋地回答。虽然不知道爸爸的意图，但原本一个人的上学路突然有了爸爸相伴，终究是令人开心的。

吃完早饭，我和爸爸匆匆收拾了东西便上路了。“爸爸，我想从公园里走……”我小心翼翼地说出自己的想法。“好吧，今天就陪你走公园！”

B32

3.5m

这对我来说又是一个小小的惊喜，原以为爸爸是不会同意的。

紫荆山公园里有河有树，我们拉着手走在河边的小路上，聊一聊爸爸的报社近期在做的活动，吐槽一下学校没完没了的考试和永远写不完的作业。那种感觉，不像是一个要赶去上学的早晨，反倒更像是去外地旅游时，那些清晨在景区里的悠然漫步。

伴随着汽车焦躁的鸣笛声，“魔鬼路口”来到眼前。从左边立交桥上驶来的车呼啸而过，带动身边的风飞速疾驰，光是声音，就让人望而却步。爸爸走在我的左边，用右臂环绕着我的肩膀，让我尽量靠近他的身子。待车流量稍小些后，爸爸的手在我的右肩上用了一下力，我们快步向路的对面迈进。这条路很宽，不时还有汽车在穿行，幸好有老爸护在身边，我倒十分地安心和享受。

老爸自然觉察不到我的细微感受，当我们踏上路对面的那一刻，他明显地长舒了一口气。“这条路真是太危险了！你看看刚刚那些车开得多快，乖妞，今后如果不是我陪着你，你一个人可千万不敢走这条路！”老爸用近乎命令的语气对我说。

就在那一瞬间，我明白了爸爸今日为何执意要陪我来上学，他是怕我为了早点到学校，还要从公园里穿过来；而让我一个人穿越“魔鬼路口”，老爸怎么能放心呢?

从那以后，直到今天，我再也没走过公园里的那条路。但我永远也忘不了，他曾拉着我的手，走过那个危险的路口。

我的背影上
总印有你的目光

长这么大，很少看印度电影，这两年，忽然看了不少优秀的印度电影。其中的《摔跤吧！爸爸》，被我的编导培训班老师称为“印度迄今为止拍摄的最好看的电影”。听这片名，肯定最适合跟爸爸一起看了，可惜爸爸当时在外地出差，我就和妈妈看了。

一出影院，我便按捺不住冲动打电话给爸爸，告诉他有时间一定要去看一看《摔跤吧！爸爸》。后来，爸爸给我往学校打来电话：“电影我看了，的确拍得很棒，中间有两次我想到了你。第一次是最后一场决赛时，吉塔在观众席中没能看到爸爸的身影，于是想到小时候落水时爸爸说的话：‘孩子，我不能陪你一辈子，有些事必须你自己去面对。’第二次是吉塔不负众望拿下冠军，爸爸拥抱了她并说‘你是我的骄傲’。看到这两个场景时，爸爸的脑海里全是关于你的画面。”

《摔跤吧！爸爸》中的爸爸自然很伟大，我的爸爸不也一样吗？从小到大，爸爸始终在细心地陪伴我不断成长，同时，一次又一次目送着我的背影踏上独自的征程。

小时候最深的记忆，是坐在爸爸的自行车后座去上学，我们一路欢歌笑语，原本不算近的路程却显得特别短。学校有规定，为了缓解交通压力，不让家长把学生送到校门口，以免引起附近路段的拥堵。于是，爸爸总是把我放在经纬广场附近离学校最近的路口，剩下的一段路让我自己走。然而，每当我回头，都发现爸爸并没有立即骑车去上班，而是在原地默默地望着我的背影，估计要一直等到我拐过路口看不到了他才会离开吧。

长大些后，因为稍显突出的语言天分，我有幸登上省人民会堂的舞台，

主持全省的教师节晚会，那是我登上的最大的舞台。上台前我特别紧张，怕我做得不够好，怕我的表现会让大家失望。身在编导组的爸爸，在后台不停地鼓励我，告诉我："相信爸爸的眼光，你一定可以！"

全场安静，灯光亮起，我回头看了一眼爸爸，然后自信地走上舞台。虽然爸爸自小教我吐字发音、训练我声台形表，但有些事必须我一个人去面对，比如这个舞台——它是属于我自己的；而爸爸，只能站在后台或者侧幕，看着我走向舞台中心的背影，在心底默默地为我加油。现在想想，那种感觉与《摔跤吧！爸爸》中的场景还真挺像的。

再大一些，我上了初中，上学都是自己骑车。奶奶家的北屋有一扇窗，正好可以看到楼下的车房。我去车房取车时，一抬头总能看到爸爸在窗前注视着我。"爸爸再见！"我招招手，骑上车疾驰而去。想必，爸爸每次也是看着我的背影远去才拉上窗户吧。

到了高中，见面的机会更是少之又少。我住校，一周六天都在学校。有时，爸爸会在吃晚饭的时间来学校找我，带我去学校附近的饭店吃一顿好的，听我说一说学校里的事情。每次吃完饭，在学校的东门口告别，爸爸也总是隔着校门北侧的栏杆，目送我的背影消失在省实验的教学楼中。

在一次又一次的目送中，时光悄悄流逝，我也从那个穿着裙子还让别人以为是男孩的假小子，长成了如今长发飘飘、亭亭玉立的少女。没有什么比《目送》中龙应台的那段话更适合留在这里了——

"慢慢地，慢慢地了解到，所谓父女母子一场，只不过意味着，你和他的缘分就是今生今世不断地目送他的背影渐行渐远。你站在小路的另一边，看着他逐渐消失在小路转弯的地方，而且，他用背影默默地告诉你：不必追。"

每一本书的背后
都藏着一个故事

书架，当是一个家里最有故事的地方吧。

老爸是一名记者，由于工作性质，他每天与文字为伴、以笔尖为生。在我的印象中，从小到大，爸爸的世界永远离不开一个字——书。无论是我们家、还是奶奶家，书架，都是爸爸房间里最最重要的部分。

上初中那三年，是在奶奶家住得最多的一段时光。倘若我住奶奶家，爸爸必定陪我住在奶奶家。晚上学习的间隙，我都会去找爸爸。找一个最舒服的姿势，躺在爸爸的床上，一抬头就能看到书架上的书，那些书名似乎永远焕发着魅力，让我充满了兴趣。每当看到我默默地读这些书名，爸爸总会给我讲起那些书背后的故事……

《世界上最疼我的那个人去了》——讲述作家张洁陪伴母亲走过人生中最后日子的故事。正好，爸爸目前在奶奶家的房间，就是当年太姥姥临走前最后一段时光住的。自从爸爸一出生，太姥姥就一直陪伴在他身边，从没有离开过，所以，爸爸和太姥姥的感情特别深。记得爸爸说过，每每提及母爱，最先想到的不是奶奶，而是太姥姥。对于这点，奶奶也是别无二话。读到这本书时，爸爸应该也会想起太姥姥，从而与张洁产生更多的共鸣吧。

《忠犬八公》——关于一个狗狗与它的主人之间的感人故事。记得小时候，我一直梦想着养一条狗狗，这个愿望在上小学后终于实现了。在养狗之前，爸爸就陪着我阅读了这本书，书中那句“它只是一条狗，你却是它的一生”，至今令我记忆犹新。爸爸也爱狗，书架上有好几本与狗相关的书。在《与狗狗的十个约定》中，有这样一条常常被我们提及：你的生

目送
到伦敦

焦波 著
俺爹俺娘
我的肩膀，她们的翅膀
辞海
缩印本
水浒传

爸爸
哪儿也不去
育方法学

活丰富多彩，在学校有同学，在家中有父母，而狗狗——只有你……

《目送》——台湾作家龙应台的作品，这本是爸爸在台湾旅行时买的，本想着带回郑州送给我。但由于是台湾的书，都是竖列排版，还都是繁体字，看起来很不方便。于是，爸爸又特意为我买了一本大陆版的，而这本台湾版的《目送》，至今仍放在爸爸的床头。“所谓父女母子一场，只不过意味着，你和他的缘分就是今生今世不断地目送他的背影渐行渐远……”这段话不知读过了多少遍，可每次再读还是会有新的感受。

《俺爹俺娘》——摄影记者焦波用镜头记录的“我的父亲母亲”。两个农村老人的日常生活，一对中国父母的舐犊情深，被老儿子全都一一定格下来，浓缩成“一代中国人的家庭记忆和乡村岁月”。风景不在远方，就在眼前；生活不在别处，就在身边。我和爸爸不止一次翻看着、研磨着这本书，认定我正在写的《奶奶家》就应该是这个样子……

这些书都是爸爸在书店或者网上买的。还有一些书，比如《摆渡人》，比如《城南旧事》，是我跟爸爸一起买的。爸爸妈妈常带我去旅行，每到一个城市，我们都会到那里的书店看一看，买一本自己喜欢的书，比如北京的王府井、成都的言几又、威海的城市书房。当然一定要盖上当地书店的印章，回家后珍藏在书架上，一本书的背后又藏起了一份关于一个城市的记忆。

在书架的一个角落里，集中地放着这样几本书，书名我再熟悉不过：《走过》《为一句无声的诺言》《青春绝唱》《你是这样的人》……这都是爸爸出版的书，里面的篇章我大都听爸爸读过。读这些书的时候，爸爸还会给我讲起他采写这些书时的背景，包括那些没有被写进书里或者不适合被写进书里的故事。

这个夏天，书架上又多了一本——《爸爸哪儿也不去》。这是我感觉最亲切的书，因为书中的主人公就是我。这本书，估计一辈子我也读不完。

几近搬空的家中，只有这个房间纹丝未动

搬家在即，奶奶家的其他房间几乎都被清空了，唯独我的房间还是老样子，什么都没动。

最近一次回奶奶家，是临近开学的那个星期四。掰着指头认真算了算时间，这是我倒数第二次在顺河路的奶奶家住。最后一次去，将是开学后的第一个周六，那时的主要任务就是收拾东西准备搬家了。在奶奶家的日子，真的是过一天少一天，每分每秒都得加倍珍惜。否则，就只能在记忆的各个角落寻找那残存的影像。想到这里，又有无限感慨，转而又觉得自己着实有些矫情。

进行《奶奶家》系列文章的创作，是我头脑一热灵感的突然迸发，也是我和爸爸深思熟虑的结果。写作期间有过犹豫、彷徨、迷茫，但那只是因为中途灵感的枯竭，抑或是因为高中课业的紧张。我们从未怀疑过这样做是否值得，因为谁都知道，这么写下去是对的，且很有意义。

我本以为我会一直住在顺河路的奶奶家，只要它还在，只要它没有拆迁。我甚至想象过几年、十几年后接到通知，奶奶家要拆迁了，家里会得到另一所更加现代化的房子作为补偿。那时，所有关于奶奶家的记忆，便全都浓缩在这本随笔里了。

我不曾料到的是，事情发展的因果关系并非如此。不是由于奶奶家要拆迁，我们才要搬走，而是爸爸的单位搬到了大北区，爷爷奶奶的住所也要随之北迁。是我们，先离开了顺河路，离开了这里的奶奶家。

爷爷奶奶的房间早已搬空，他们去年夏天回威海前就收拾好行李，让爸爸搬到了新家，今年春天再回郑州就直接去北区住了。爸爸的房间也变

得宽敞了些，换季的衣服、装饰品，甚至床垫，能带走的都陆续带走了。至于书房，现在已然成了一个储物间，各式各样的纸箱和包装袋堆积如山，把即将乔迁的气氛渲染得十足……家里的各种花瓶、相框等易碎的工艺品，也陆陆续续从原来的位置消失，在新家的各个角落刷着存在感，奶奶家斑驳的墙壁上、家具的摆放处，还残留着它们存在过的痕迹。

看看其他的房间，再看看我的房间，它的完整显得有些格格不入。墙上“雨林精灵”的照片依旧在那里，衣柜里的衣服一件都没少，书架上的各类图书还是那样毫无规律地摆放着，丝毫没有一点要搬家的迹象……

准备午睡时，我发现床单、被罩都洗了，本打算就这样凑合着睡一觉，也没什么大不了的。这时，老爸呵斥我：“床单被罩早就干了，罩上再睡觉！”

不用问，也不用说，我的小屋的完整，一定是爸爸的有意之举。我理解老爸，在他看来，于奶奶家生活一天，哪怕是半天，也要给我踏实的家的感觉。早早地把图书、衣服打包带走，睡觉时连床单被罩都不用，未免太过凑合，更不像在家的样子——那不是老爸的风格。

这个周末再回奶奶家，就是在我那张小床上睡的最后一觉了。感性的人啊最怕离别，突然好想让这周过得慢一些，让学校多上几天课，让这个周六——慢些来。

原来
你为我做了那么那么多

又是一年艺考季，短短几天时间，微博热搜就被全国各地参加艺考的帅哥美女们霸屏了。其中有一个山东女孩，从小就热爱表演，父母却认为学艺术根本没有发展前途。于是，她一个人拎着大箱子来到北京，看着其他考生都有父母的陪伴与支持，她却要独自一个人面对所有的困难，心里难免有些不是滋味。但面对记者的镜头，她却依然笑着说："这就是成长吧。"

每每看到这样的新闻，我都会感叹自己是多么幸运：庆幸自己从小就有热爱的方向，更庆幸，有人在默默支持着我的热爱。

多才多艺——也许是许多人说起我时爱用的词语。在我看来，这也许是我"三分钟热度"的结果，什么都学过，什么都会点儿，却又什么都不精通。但无论我在什么阶段，突然又爱上了什么东西，爸爸妈妈总会支持我去尝试，绝不错过我爱好发展的任何一种可能性。

小学的时候，我和许多女生一样，学钢琴、学舞蹈，没坚持几年都不了了之。小学高年级的时候和好朋友丫丫一起练毛笔字，如今多年过去，那可怜的一点功力早已不在，过年时的几副春联也许是唯一拿得出手的成果吧。魔术，更是心血来潮的一时冲动，在魔术馆办了卡，本要好好学魔术，直至魔术馆倒闭了，我卡上的钱却还有好多。然后是吉他，这是我真正热爱的东西，有了心劲儿，却没了时间，高中紧张的学习哪允许我去上一周一次的吉他课。这么多年来，坚持最久的应该是声乐，从幼儿园就开始学，一直唱到了初中毕业，上了高中后因为紧张的学业才不得不停止。只有摄影，没上过一节专业课，只是不断地练习，也算拍出了一些还不错的作品，不枉我付出的这么多时间和精力。

感恩父母

成长，请带上这封信
愿你过上我从未看见与理解的生活

中国童话故事 上
中国童话故事 下
成长的岁月
心灵的日出
世界的影像
古典的中国
自话的中国
人类的声音
人间的诗意
红楼梦
水浒传
三国演义
西游记
骆驼祥子
海泉的诗
希利尔讲艺术史
希利尔讲世界史

狗狗旅馆
窗台上的动物园
黑白摄影
海泉的诗
我的第一本思维导图入门书
最美
羽泉
3CD
CAR'S MUSIC

除了爱好，作为小女生，我仰慕的“男神”也是随着我思想的变化，不断在变化着。从小学时候喜欢的张杰，到初中欣赏的羽泉、黄磊，再到现在一提起就能激动得跳起来的靳东。不知怎的，喜欢的明星没有一个是“小鲜肉”，除了张杰，其他四位都算是“大叔”级别的人物了。之所以喜欢，也许是因为他们身上满满的正能量吧。

无论是追兴趣还是迷“男神”，在我的记忆中，爸爸妈妈都没有对我说过一个“不”字，从来没有。反而，爸爸还会努力去了解我不断变化着的爱好，跟我分享优秀的摄影作品，让我听曾经感动过他的民谣歌曲，给我买各种优秀的图书来激发我创作的灵感……

如果不是这次奶奶家搬家，我都不曾意识到为了支持我的爱好，爸爸竟然陆陆续续为我买了这么多东西。不说我们家，就说奶奶家里我的小屋，书架最醒目的位置放着张杰、羽泉的唱片，好久不听的 CD 上已经落上了一层厚厚的灰。书架上各种各样的书，有羽泉的自传图文书，有黄磊为妻子和女儿创作的《我的肩膀，她们的翅膀》，还有大大小小不同类型的摄影书……

书架——一个家里最有故事的地方，越来越觉得这句话说得有道理、有味道。搬家前收拾东西时，一本本书从书架上拿下，总能勾起我或多或少的回忆。这一段段回忆堆积起来，印证着老爸曾经对我说的一段话——

“我从不阻拦你喜欢什么东西或是什么人，不管你是深思熟虑，还是一时兴起，努力地去尝试总没有错。如果真的喜欢，那是幸运的事，可以坚持下去。如果不喜欢，那至少也证明了这样东西是不适合你的，死了把它当成专业的心。谁会知道你哪一次的热爱，就是一辈子呢？”

它，兀自站在
露台上最醒目的地方

大北区新的奶奶家，角角落落都不难发现爸爸的精心设计。其中，最令我惊叹的设计，当数露台上的那辆自行车。

那是一辆跟我年龄差不多的自行车，由于年久失修，链条生锈，车胎撒气，估计早已不能骑了吧。它静静地站在露台上。那是一个专门为它而设计的半圆式花池，在露台最醒目的地方。清明，花池里的爬山虎纷纷发芽，一片一片的橙黄和嫩绿。通往露台的走廊，尽头是一扇玻璃门，如同画框一般，把自行车兀自定格在画面的中央，仿佛神一般的存在。

“晓寒，你爸爸妈妈开车来接你吗？”

“嗯……我们家没车。”

每当出现这样的对话时，同学总会向我投来讶异的目光，恐怕他们的内心比他们的表情更加震惊——不会吧？你们家居然没有私家车！

不买私家车，是因为真的觉得没有这个必要：妈妈单位就在我家隔壁，而爸爸觉得骑单车上下班正好可以锻炼身体；不买私家车，也是想从我做起，为这个城市的蓝天贡献自己哪怕是微不足道的力量……从懂事起，我就理解并且支持爸爸妈妈的选择，从无异议和怨言。我知道不是家里买不起，更知道私家车并非城市家庭的标配。而今，再想起没有私家车的这十几年，我的心态居然是一种庆幸，甚至是一种幸福。

上小学时，从家到学校的距离大概是 20 分钟的车程。这个距离要是走路，有一点点远；但要是开车，必定会天天遭遇“堵城”郑州的“堵”，为此天天心烦气躁，太不值得了。我的学校，恰恰在爸爸去单位的路上，三个点穿成一条线，爸爸骑着自行车带着我，每天早晚在这条线上有规律地穿行。

关于这辆自行车的来历，爸爸在《单车无敌，在越来越堵的城市里穿行》一文中有这样的描述——

“工作后领到第一个月工资，就想买辆新车、好车，结果换一辆丢一辆，连丢三辆，其中两辆捷安特是在一个月中丢的。于是，死了烧包的心，花 200 元钱买了一辆二手车，修过不知多少次，一直骑了十来年。

“有了乖妞后，这辆破车便成了她的御用交通工具。幼儿园时，车座是座椅式的，把她安全地固定在自行车上；上小学后，座椅显得小了，便卸掉了车座两边的把手；再后来，车座彻底盛不下她了，又换成一块平板的海绵垫。”

就这样，爸爸骑着这辆自行车每天送我上学、接我回家，一路欢歌，一路笑语。我会在车后座上，给爸爸讲班里和午托部发生的事，讲我最喜欢的刘大队；爸爸则爱给我讲最近报社又在搞什么活动，他又采写了什么报道；我们还会接龙式地背诵成语、诗词、《三字经》《弟子规》……

就这样，骑过了秋，骑过了冬，骑过了春，骑过了夏，又骑到了秋。我渐渐地长高，体重也在一年一年地增加；爸爸骑得越来越吃力，出的汗也越来越多。好几次我都有些不忍心，在离学校还有一段距离时就开始下车步行。

在我觉得爸爸快要带不动我时，小学毕业了，我也学会了骑车。初中三年，每天早晚我都自己骑车上下学，中午则骑车回离学校比较近的奶奶家吃饭、午休。那辆我坐过十来年的自行车不知被丢在哪个角落里，很长时间我都几乎忘了它的存在。

直到这个春天，在奶奶家的露台上，我又与它不期而遇。那么多的童年往事，那么美好的时光记忆，一下子都回来了，雕塑般地立在花池之中，任谁也无法再把它抹去。

每年春天都要在这辆自行车前拍一张合影——我和爸爸这样约定。是的，每一年，当爬山虎又绿遍露台的时候。

家的味道

人世间
有这样一种味道

不知道有没有人和我一样，从小就对某些味道情有独钟——夏天突然进入楼门洞迎面袭来的特有的清气，游泳馆四季不变的淡淡的腥味，路过巴奴火锅店时那可以让人抓狂的浓烈的香味……

还有一种味道，我原以为只属于爷爷奶奶的房间，后来才发现，并不是那么简单。

记得很小的时候，每次去奶奶家的第一件事，就是冲进他们的房间，看爷爷精心饲养的金鱼。当时就觉得，这房间里总是有一种与众不同的味道。我实在说不出来这是什么味，但每次闻到，都会感到很舒服。

今年的春节是回威海老家过的。爷爷奶奶年纪大了以后，像许许多多的中国老人一样叶落归根，回到了胶东半岛。离海 300 米的伴月湾小区，便是他们落脚的地方。

对我来说，这却是第一次去威海的家。一进家门，爸爸就带我四处参观：蓝色调的是我的房间，满满的大海的气息；主卧是绿色调的，俨然走进了葱郁的树林；爷爷奶奶的房间则是黄色调，有着土地一样的宽厚和温暖……

刚走到爷爷奶奶的房门口，就有一股熟悉的味道扑面而来。

“嗯，”我深吸一口气，“这儿的味道与郑州奶奶家里的味道一模一样！”

“可不是，爷爷奶奶走到哪儿，不都是这么一种中药味？”在一旁的爸爸不以为然。

中药？原来这从小到大一直令我如此痴迷又久久不解的味道，竟然是从爷爷奶奶吃的药里散发出来的！知道爷爷奶奶的身体一直不太好，也总见他们每天早晨、晚上都要吃药，可我从来没有凑近去闻一闻，自然也就不曾想到，原来我们平日里避之唯恐不及的药，竟然会有着如此让人沉醉的味道。

味道，真是个奇特的东西。每一种味道，会不会就代表着一种生活？或者象征着一个人？就像我每次依偎在妈妈的身边，总会闻到一种淡淡的香气，这香气让我觉得亲切、觉得温馨，如果给这味道起个名字，就叫“世上只有妈妈好”吧。而我每次走到爸爸身边，也会闻到一种说不出的味道，那味道让我感觉很安心、很踏实，又很丰富。我想，这味道里应该就藏着爸爸几十年里走过的路、遇到的事和结识的人吧。

或许，我身上也有一种独一无二的、只属于我自己的味道，只是我不知道罢了。那我的味道又代表着什么呢——阳光？朝气？感性？文艺？或许还有别的。突然好想听一个人讲一讲在他或她的印象中关于我的味道。

人海茫茫，行色匆匆，我们会和无数种味道擦肩而过，也会与一种味道一辈子相随、相念。比如我的爷爷奶奶，从煤城到绿城，从中原到海边，走到哪里，那令人痴迷的中药味儿就跟到哪里。对我来说，无论是住在郑州顺河路上的家属院，还是在威海伴月湾的海景房过年，抑或是在黄河南岸新的奶奶家，爷爷奶奶在什么地方，这味道就在什么地方，而且会一直在吧。

小的时候，我以为那浓浓的特别的味道，只有在爷爷奶奶的房间里才能闻到。多少年过去了，直到这次回老家过年，我才恍然悟到——原来，这就是家的味道。

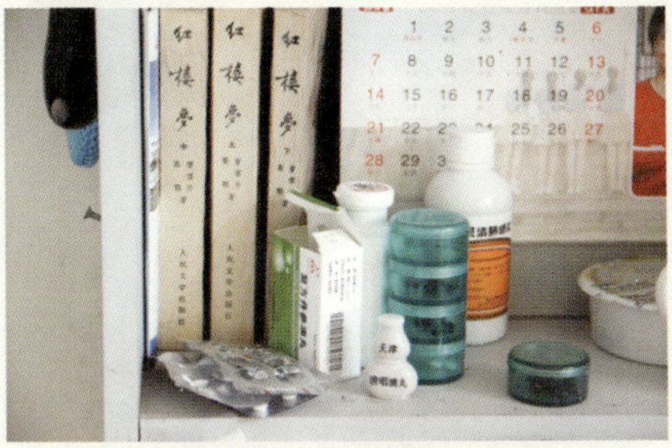
红楼梦
红楼梦
红楼梦

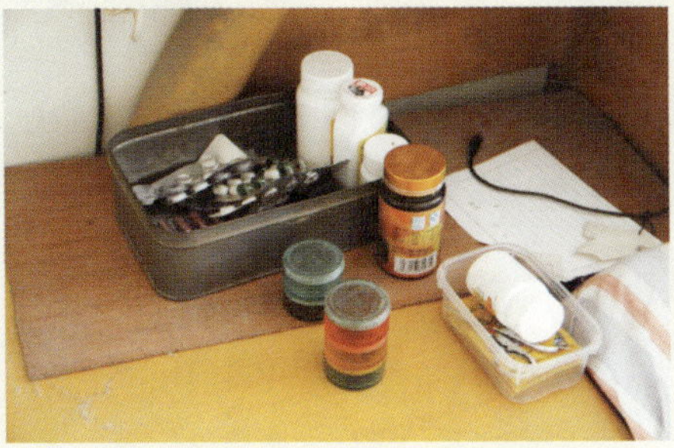

还有什么
比泡脚看电视更享受

“妈妈，我想泡脚……”

“你其实是想看电视吧！”

不知为何，妈妈总是一下就猜中我的小心思。

小时候的快乐似乎很简单：偷偷吃两串街边不那么健康的烤鱿鱼，放学后跟着妈妈去逛逛超市，因为下雪早晨可以多睡一个小时再去上学……这些小到不能再小的事情，却总能让我开心上好久。如果说非要从这些“小幸福”中选出最爱，那便是泡脚看电视了。

让我仔细想想，“泡脚”和“看电视”这两件原本毫不相干的事情，是如何搭配在一起、并且焕发出如此魅力的。

印象中爱上泡脚看电视，是在上小学的时候。夏天，在学校疯跑了一天的我，总是“臭烘烘”地回家。

为了给我解乏，妈妈总是说：“臭妞，给你烧点水泡泡脚吧？”

“嗯……我不想泡……”当时我可不觉得这是个什么美妙的事儿。

“你在学校跑了一天了，泡泡脚晚上睡得好！”这时，妈妈随手打开了电视。

嗯？泡脚是不是就可以堂而皇之地看电视了？在那时，电视的吸引力可比那一盆热水大得多，于是我毫不犹豫地听从了妈妈的建议。

这不泡不知道，一泡才知道，原来泡脚是件如此幸福的事情！双脚放在热水里，全身完全地放松，似乎可以驱散一整天的疲惫。从那以后，我几乎每天回家都嚷嚷着要泡脚看电视。上小学的那段时光，一天中最令我期待、也是最幸福的事情，应该就是每晚的泡脚看电视。

上了初中，课业压力随之而来，我也没有那么多时间可以泡脚看电视了。上高中后，能让我泡脚看电视的时间，更是少得可怜。但每逢周末，我还是会抽出些时间，享受一下这令人沉醉的小幸福，在奶奶家亦是如此。

上幼儿园时，幸福是放学后妈妈奖励的一颗糖；上小学时，幸福是期末考试的300分；上初中时，幸福是能和同学们一起体验学校丰富多彩的课外活动；上了高中，幸福是大家看到我的摄影作品后的感叹，也是我的年级排名又进步了多少……

从小到大，令我幸福的事情有很多，它们却又随着年龄的增长，不断地变换着。唯独泡脚看电视，无论何时都焕发出无限魅力，让我感到无比的幸福和快乐。

记得有位摄影师说过：“每位喜欢拍胶片的人，都有一种情怀。”那我现在如此热衷于泡脚看电视，是不是也是一种情怀？因为泡脚看电视对我的意义，已不仅仅是解乏那么简单，它更是我一周中为数不多的、可以慢下来享受生活的时刻。

每当打开电视，把脚放在热水里，我就会不由自主地感到温暖。此时，我可以向爸爸妈妈讲述在学校发生的事情，跟他们分享我的喜怒哀乐。爸爸也总会利用这个时间，给我讲一些他近来的采访；妈妈最爱讲的，则是姥姥姥爷白天在小区里跟邻居之间发生的趣事。我们就这样聊着、笑着，等到泡脚水渐渐地凉了，把水倒了，一下子扑倒在床上，度过一周中最最幸福的夜晚。

我彻底相信了那位摄影师的话，泡脚看电视——对于我来说就是一种情怀——一种关于家的情怀。

有这样一个地方，随时可以回去

前两天睡前，随意翻了两下朋友圈，突然看到这样一句话：“自从上了高中，家——真的成了睡一觉就走的地方。”一时间，莫名扎心。

虽然这话听起来很难受，但仔细想想，好像还真的是这样。抛开每天走读回家的同学不说，大部分住校的同学都是一周六天在学校，我也不例外，和同学、老师在一起的时间，比和家人要多上好几倍。

那么，一周中最值得期待的，毫无疑问是每个周六的晚上——因为可以回家。由于姥姥、姥爷现在就在我们家住，所以，时不时地我要回奶奶家过个周末。然而，此刻，真的让我翻开脑海中的片段，一点一点地筛选，即便是不多的回去的夜晚，我对奶奶家的记忆仍然是少之又少。

“爸爸，最近有一个特别好看的电影叫《天才枪手》，我周六放学后咱们一起去看吧！”

“妈妈，天冷了，我周六晚上想吃火锅……”

“乖妞，这个周末提前给你过生日，周六晚上我带你去吃烤鱼，怎么样？”

…………

在我一周七天的“档期”中，六天的时间属于学校，周日上午的半天属于我的编导专业课，只有周六这么一个晚上，容我干上一些自己喜欢的事情。因而每个周六的晚上，都被各种安排塞得满满当当。

周六下午 6 点放学，在外面嗨皮一圈，回到奶奶家差不多也要到深夜 11 点左右，刷刷牙、洗洗脸、去掉角膜塑形镜，再磨蹭磨蹭，也就到了睡觉的时间，并且是晚睡。第二天又要起个大早，奔赴另一个“战场”。匆匆忙忙间，我几乎忘了回奶奶家的目的之一，就是要享受我久久眷恋的亲

4
单元
大河报
96211

PHOENIX

情氛围。

说话间，又一个周六到了。

这天，在会展中心有邓紫棋的演唱会。我一直很喜欢邓紫棋的歌曲，惊叹她小小年龄却有如此之强的爆发力，很想去现场感受一下小宇宙的无限能量。恰好爸爸的生日要到了，就想送给他一个我喜欢的生日礼物。

我把演唱会的简介截图发给了爸爸："爸爸，你的生日，我请你看演唱会吧？"过了一会儿，爸爸发了三个"抱抱"的表情，说："好惊喜啊，乖妞都能给老爸送这么大的礼物了！"又说："不过，我已经买了那天严晓频的话剧，她可是我高中时代的第二女神。"

虽然对邓紫棋的演唱会甚是向往，但毕竟是爸爸过生日，还是要选他喜欢的。再说了，因为从没听说过严晓频，我还真有点好奇，到底是个什么样的演员，居然能够成为我的"男神"老爸的女神？

话剧《黛茜今晚嫁给谁》的上座率不算太高，我们坐在艺术中心大剧院的第五排，前四排几乎没坐什么人；但演出的质量却很高，蕴含深意的舞美设计，超级简单的角色配置，极具功力的演员，把一个关于家庭关于爱的故事娓娓道来、激流暗涌。

"真的谢谢大家，能在这么寒冷的天气来看我们的话剧。这是一个充满温情的故事，希望大家看后，能够想到回去多陪陪自己的家人，多告诉他们，你爱他们。"谢幕时，严晓频这样说。那一刻，我也喜欢上了她。

回到奶奶家，正好10点整。把脚放进发烫的水里，窝在宽大的布艺沙发中，最近很火热的节目《演员的诞生》恰好开始。又想起严晓频谢幕时说的话，突然很感激，这个世界上能有这样一个叫"奶奶家"的地方，让我随时可以回来，随时可以让自己放心地融化在亲情之中。

这个中秋，我们天各一方

这个中秋节，顺河路上的奶奶家空无一人。

中秋节是和国庆小长假连在一起的。“乖妞，国庆节跟我一起回老家看爷爷奶奶吧？”节前的那个周末，爸爸问我。我当即就心动了。在威海老家，每天醒来躺在床上就能看到海上日出，走出家门不多远就是大海，天空永远湛蓝，空气永远清新……换一个环境，换一种心情，说不定更有利于我高中愈加繁重的学习。

正当我为回不回威海纠结时，意外地得到了一个去北京学习编导专业课的机会，7天的封闭式教学训练，无疑可以极大地提高专业课成绩，这自然就成了我这个国庆节的最佳选择。于是，本来8天的长假，7天都将是我一个人在帝都度过。

10月1日一大早，我一个人踏上了“北漂”的求学之路。

一个人坐上高铁，一个人把重重的箱子放在行李架上，一个人戴着耳机听着民谣，看着车窗外飞驰而过的风景。然后，又一个人坐出租车，和喜欢绕路的出租车司机“斗智斗勇”。仔细想想看，这应该是我第一次真正一个人出远门，一个人面对所有的困难和挑战。

在北京的集训生活既辛苦又充实，每天像正常上学一样6点起床，然后跑步、出晨功，迎着朝阳背文化常识，接着就是北京各大名校老师陆续带来的精彩讲座。

集训的生活，就这样一天一天地重复着，转眼到了10月4日——中秋节。

第一次独自在外过中秋的我，不免有些想家。为了能让我们的月圆之

夜过得开心些，学校特意准备了精彩的节目。“时光一逝永不回，往事只能回味……”当晚会即将开始时，我的手机铃声突然响了，是爸爸打来的。

“乖妞，怎么样？在北京都挺好的吧，中秋节学校有什么安排吗？”

“嗯嗯，挺好的，学校专门组织了中秋晚会，马上就要开始啦！”

“那就好，看到我微信里给你发的照片了吗？爷爷奶奶正在做晚饭呢！”

“还没来得及看，替我向爷爷奶奶问好！”

“中秋快乐，乖妞！”

“中秋快乐爸爸，想你……”

而这时的妈妈呢，正在郑州的家里照顾我年迈的姥爷。姥爷前些年得过心肌梗塞，还在恢复期，身边不能离开人。

就这样，中秋团圆之夜，我和爸爸妈妈身处三地、天各一方。从郑州到北京，再到威海，相隔着将近 1000 千米的距离；而顺河路上的奶奶家，我们曾经多次在那里共享中秋团圆的老屋，此时却没有一个人。

可能有人会说，中秋之夜这样度过，听起来难免有些孤单与凄清。而我则认为不然，有句话说得好——分离，是为了更好地相聚。在北京孤身奋战的我，说不想家那是逞强的话，但忍这一时的分离，也许换来的就是长久的团聚。

再等两年，等我考上大学，中秋节肯定又可以在家里过了。憧憬着那时的奶奶家依旧灯火通明，一家人团团圆圆、说说笑笑、其乐融融，就像我小时候的每个中秋节一样。

只有在老家
才能找到我想要的年味儿

印象中的过年，理应充满趣味。可把头从堆积如山的各种作业和智能手机的诱惑中移开，问了一圈身边的人，却着实发现这个“年”过得太过敷衍。淘宝下单替代了走街串巷办年货，订票软件删除了人们去火车站排队买票的经历。我们也不必再排上几个小时的长队，去吃一顿自己想念已久的美食；你只需动一动手指，就有外卖小哥风雨无阻地送到家中。

也不知从何时开始，每逢过年，郑州的大街小巷都会挂起“禁止燃放烟花爆竹”的字样。为了空气的质量，为了大家的身体，这么做一点儿也没错。我唯一心疼的，是过年那仅剩的、可怜的一点年味儿，这年味儿似乎随着城市的日渐安静和冷清，也消失得无影无踪了。

到底是时代发展得太快，还是我过于念旧？反正就觉得，这一点儿年味儿都没有，哪能叫过年呀！这不，有些自媒体开始策划“寻找年味”的活动，这年味儿是能找来的吗？作为中国最盛大的传统节日，年味儿不应该是人人都能感受到的吗？现在反倒是被那些洋节远远盖过了风头。

“身处异地的人，对年味儿的理解，大概就是回家。”这是我无意中在某公众号上看到的一句话，细细品味，说得的确一点儿不错。和去年一样，今年我要回山东老家过年，因为明年就要高考了，所以今年还想再回威海看一看爷爷奶奶。从河南郑州到山东威海的长路，也像是一场不断寻找年味儿的旅途。

早晨的高铁站，比我想象中冷清不少，但是仔细观察行人的表情，已然读出了他们内心对回家的渴望。母亲带着孩子，女孩挽着男孩，仰头看着屏幕上跳动的车次，一切在匆忙中井然有序。拉杆箱推动他们的脚步，

老北京糖葫芦

一个个行色匆匆，归心似箭。车站的扶梯上上下下，带走和带来的都是期待，期待回外地的老家，期待回郑州的老家。

我们坐上通往威海的高铁，一路向东。车窗外，远处是灰蒙蒙的天空，那尽头用力看还能看见山的轮廓。就这样在车上看着日升、日落，到太阳快要落山时，我们也快到家了。下了高铁，拉着行李一路小跑，只有这样才能尽可能早地坐上出租车，尽可能早地回到家里扑进爷爷奶奶的怀抱。

威海与去年相比没怎么变，依旧很小、很静，道路两旁的路灯上挂着红灯笼。坐在出租车上，看着窗外一个个熟悉的建筑，威高广场、幸福门、404 医院、海源公园、家家悦超市、半月湾小学……突然感慨，其实住在这样一个小小的海滨城市也挺好，它没有大都市的热闹与喧嚣，一切都显得那样简单、那么惬意。

回到伴月湾小区的家时，爷爷奶奶早已做好一桌可口的饭菜，伯伯也提前几天从平顶山赶来与我们团聚。奶奶在为我们的第一顿团圆饭做着收尾工作，我急忙跑到厨房帮着拿拿碗筷端端饭菜。电视里伴着《我爱你中国》的乐曲，展示着祖国的大好河山。窗外忽然传来了期待已久的鞭炮声，海滩上绚丽的烟花，把客厅的落地窗映得五彩缤纷——我心目中的年，不就是这个样子吗？

奶奶家在哪儿？在我此前的文章中，奶奶家似乎就是顺河路上的那座老房子。其实不然，奶奶家还是威海的伴月湾、是郑州的北郡，是每一个有爷爷奶奶在的地方。在奶奶家过的年，总有着我最想要的最浓最醇的年味儿。

就这样告别了你，就这样

在即将回奶奶家住最后一夜的这几天中，我心里一直在想，到时候该怎么说、怎么做，才不至于很没出息地哭得像个泪人。明明要搬去更大更好的新家，却像“钉子户”般不肯收拾东西，还口口声声嚷嚷着就喜欢这样的岁月感。

该来的总会来的，高二下学期的第一周过得很快，转眼到了要回奶奶家的日子。独自一人坐在42路公交车上，看着窗边一站又一站熟悉的地方，脑子却如突然罢工般一片空白。或许是因为连续6天的高强度学习着实让人疲惫，也可能是因为不知该怎样面对那个见证我十几年的成长、如今却不得不挥别的老房子。

下了公交车，我与爸爸约定在东明路与顺河路交叉口会合。在米莎吉诺面包房最后一次买了这里的面包，“毛毛虫”依然是我千年不变的必点项目。顺河路还是老样子，熙熙攘攘，却一切都在有序地进行，丝毫察觉不到对我来说即将到来的告别。对我来说，说“永远”有些绝对，但这一定是近些年来最后一次去吃顺河路边钟爱的兰州拉面，最后一次在“醇果到家”店里买水果，也是最后一次经过爸爸报社的门口……

回到家中，这个晚上我的任务已经很明确——收拾小屋，准备搬家。面对书桌上各式各样的杂物，一时有点无从下手，不知该从哪里开始。爸爸早早准备好了用来打包的纸箱、提袋，又有些不放心地提醒我，易碎品要先用塑料泡沫包起来再装箱。

小心翼翼地从书架上取下一本本书，其中藏着许多关于初中的记忆，我获得的优秀学生干部证书，和同学们拍摄的毕业照片在报纸上刊登，还

福
福

有毕业典礼的调度台本……这些东西搬到新家肯定还是放在书架上，或许十几年都不会想起去翻一次；但这满满的记忆啊，哪一样我都不肯丢下。还有羽泉的唱片、生日的杯子，从美国带回来的薯片盒，一年又一年精美的生日台历，每一件物品，都是一个故事。

突然觉得搬家还挺奇妙的，在与旧事物的断舍离中，我们会对我们曾经走过的路、得到的爱更加感恩与珍惜。搬家时打发那些带不走的物品时会忽然发现：咦？这个是我什么时候买的？好像只用过一两次，不过这还算好的。再看另一件，当初为什么要买这个？根本就没打开过啊。一边向往着更加美好的新生活，一边又在一次次的取舍之中，回忆、回想、回味，那些年、那些人、那些事……

请原谅我这次略显匆忙的叙事，因为我实在不知道该怎么形容在顺河路奶奶家的这最后一个晚上的真切感受，更不知道该用什么样复杂而微妙的词藻去表达我对这里的热爱与不舍。我只知道，曾经在文章里经常说的“以后关于奶奶家的记忆，就只能从这些文字的只言片语中找寻了”，类似这样的话，从今天起就眼睁睁地变成了现实。所以，完整地、准确地去记录，也许是我现在唯一能做的，哪怕我很难做到完整而准确。

周日的上午还有编导课，吃了早饭，看了奶奶家最后一眼。出门时，并没有想象中充满仪式感的告别。还要在这里待上几天做搬家前收尾工作的老爸，或许都还没有意识到——这是我最后一次回顺河路的奶奶家了。

不过这样也好，少了离愁，少了别绪，也不用请出我的眼泪渲染别离的气氛。就这样告别了你，就这样，把一切都永远地停留在、定格在最美好的时刻。

再见，顺河路。

再见，奶奶家。

福

喜迎新春
中信银行
福照家门万事兴
中信银行
喜居宝地千年旺

在奶奶家
寻找“奶奶家”的影子

奶奶家搬了，关于“奶奶家”的记录，对我来说就要更加被重视起来。在一周满满的课程和行程表中，抽点时间进行创作是必不可少的，重要指数“四颗星”。之所以这么说，不仅仅是因为越来越紧张的功课，让我不得不付出更多精力和时间；更是因为我怕我会忘记，忘记许多关于奶奶家的细节，忘记我在那里的所感所思，忘记我要怎么继续讲故事……

虽说我的身上已经深深地打上奶奶家的烙印，但不得不承认时间是个残忍的东西，它会让素昧平生的人相识相知，也会让熟悉的人变得陌生隔膜；会让一个幼稚的小孩学会什么是责任与担当，亦可让一个人脑海中清晰的记忆日渐模糊。

上个周末第一次去了大北区的奶奶家，虽然之前也陆陆续续看到过新家的图片，但身临其境，还是被它的别致与宜居深深震撼。心中有个疑问一直在敲打着我——“这真的是我的家？”是啊，这件事不用再质疑了，这就是我的家——我的新的奶奶家。

这里的一切都是陌生的。虽然都在郑州，但这个地方我从来没有来过，走在月湖岸边，和走在外地没什么两样。哪儿都不熟悉，甚至哪儿都不认识。没有了顺河路的拥挤和喧嚣，这里的一切，似乎都在努力地向我展示着人们口中的那个国家中心城市——郑州。

惊诧之余，让我欣喜的是，在新的奶奶家，却是到处都能找到过去奶奶家的影子——

客厅的电视机旁，挂着太姥姥生前一直把玩的佛珠。说实话，我对太姥姥没有太深的记忆，从我记事开始，她就一直躺在床上。每次去奶奶家，

我总会趴在太姥姥的床边，陪她聊聊天。而在她生命的最后几年中，一直是这串佛珠陪伴她度过千篇一律的生活。仿佛又看到，那串佛珠在太姥姥的手里数过来，数过去，一遍又一遍——这一模一样的珠子有什么好玩的？小小的我曾经很不理解。

佛珠的旁边有一个老榆木的陈列架，最醒目的位置放着一架座钟——一架需要经常上弦的钟表。那是当过多年老师的奶奶在第一个教师节上获得的奖品。1985 年—2018 年，转眼 30 多年过去了。这么多年，这表还在嘀嘀嗒嗒执着地走着，到了半点和整点还会准时地敲钟——这极具岁月感的钟声，在我的记忆中是只属于奶奶家的。

在爷爷奶奶房间的对面，有个小阳台，是他们每天主要的活动场所。阳台的北窗上有一个隔板，上面的“老古董”都是从顺河路奶奶家带来的：白色陶瓷的毛主席塑像，是“文革”时期遗留下来的；旁边的恐龙蛋产自南阳，珊瑚来自大海深处；而那块胡杨树根，则是爸爸千里迢迢从新疆带回来的，有着“生而千年不死，死而千年不倒，倒而千年不朽”的美誉……沧海桑田，就这样缩于一案。

我的小屋，更是跟在顺河路时惊人地相似。床还是那张床，桌还是那个桌，小乖还趴在书柜顶上，墙上的照片还是那幅《雨林精灵》。唯一有所区别的是，多了一个新定制的收纳柜，柜子的侧壁，迎着门，还有一张“男神”靳东的黑白照片——我的那一点点小心思呀，怎么老爸全都知道？如果说在搬家前不动我小屋里任何东西是爸爸刻意而为的，那如今这个与顺河路奶奶家相似度高达 90% 的小屋，也是爸爸为我保留一份记忆而精心设计的喽？

从此以后，再说要回奶奶家，就不是那个顺河路的奶奶家了，而是这个位于大北区的奶奶家。这是个全新的家，但又到处都有顺河路的影子，它们一再地向我证明——这就是奶奶家。

那些与狗狗相伴的快乐时光

在奶奶家，我没有养过真的小狗。陪伴我的，就是一只狗狗的毛绒玩具——小乖。它的全身雪一样白，眼睛大大的、黑黑的，品种应该是比熊吧。

小乖是好朋友沐沐送给我的生日礼物，因为她知道我喜欢狗狗。小乖趴在进门左手边衣柜的隔板上，那是奶奶家属于我的房间里最显眼的位置。每每看到小乖，我总会情不自禁地想起那些有狗狗陪伴的快乐时光……

我打小就喜欢狗狗，爸爸也是。

准确地说，我现在对狗狗的痴迷，多半程度上也是因为爸爸。在我小的时候，爸爸就经常告诉我狗狗是人类最好的朋友，并且经常给我读关于狗狗的书。一来二去接触得多了，耳濡目染，自然而然也就爱上了，爱得很深很深。

我们家先后养过两条小狗，其中第一段养狗的经历刻骨铭心。那是在刚上小学的时候，听说爸爸的同事红梅阿姨家的狗狗生了一窝小狗，便想着要抱回来一只养。再三考虑后，小狗终于来到了我们家。因为我们把他当作家里的第五位成员，所以给它起名“小五”。

爸爸妈妈都认为养狗不是件小事，所以特别慎重。爸爸与我“约法三章”，妈妈带我去看电影《我与狗狗的十个约定》。电影里有句话，令我至今记忆犹新：“你有你的家人、朋友，在学校有老师、同学，但我——只有你。”这句以狗狗口吻说的话，就像石头一样重重地砸在我心上，让我意识到责任重大，因为我，就是狗狗的全部。

响应爸爸的要求，我每天坚持写《小五日记》，记录我与小五的故事。从刚开始的每天一句话，到后来能写两三句，再到最后可以写一段话，小五在成长，我也陪着它一起成长。

可以说，小五给了我百分之百的爱，但我却没有完全尽到作为姐姐的职责。我经常因为早上想睡懒觉，而不愿起床陪它下楼玩；小五的便便，也总是爸爸妈妈来清理；给小五洗澡时，我更是躲得远远的，生怕水溅到我身上……

可能是因为我这种种不负责任的行为吧，上天终于剥夺了我与小五一起生活的权利。小学一年级暑假的一个清晨，小五在院里撒欢，不小心被突然进入小区的车辆夺去了生命。我与小五的故事，就到此戛然而止。

后来，我们又把小狗庆庆抱回了家，以冲抵对小五的思念。可是，那一阵子家里在装修，平时爸爸妈妈要工作、我要上学，周末则要跑装修市场，因而庆庆总是被孤独地留在家里。

终于搬家了，由于担心庆庆尿湿家里新铺的木地板，专门在阳台给庆庆建了个漂亮的窝。直到几个月后庆庆抑郁而去，我们才察觉到，再漂亮的窝都无法与跟主人在一起相比。

狗狗的生命平均只有 15 年，不足以与我们相伴一生，因而更需要珍惜。依稀记得有人说过：“不曾养过狗的人，很难想象与狗一起生活是什么样子；养过狗的人，则无法想象没有狗的日子该怎么过。”的确，小五和庆庆先后融入我的生活，我不能想象没有它们的日子。尽管它们不会说话，但它们却教会了我什么是爱、怎么去爱。然而，令人痛心的是，它们一个一个都离我而去，此后，多少年我们家都不曾再提起养狗的事，那永远是心底隐隐的痛。

年底，爸爸的单位就要搬到大北区了，奶奶家也要跟着搬进那边的新房子。我和爸爸约好，等搬到新家后，一定要再养只狗狗。新的奶奶家有个不小的露台，相信狗狗会在我们的新家生活得很自在、很快活。

陪阿迪
度过狗生的尴尬期

给奶奶打了个电话。顺便问到阿迪的情况，奶奶的语气显得有些焦虑，让我做好心理准备。奶奶说，阿迪进入了“狗生”中的尴尬期。

阿迪，一条狗年出生的小狗，奶奶家的新成员。至于名字，很简单，因为它的品种是泰迪，所以就叫“阿迪”好啦！

据说，泰迪这个品种，在狗狗的智商排行榜上名列第二。在泰迪长到一岁多时，智商就能相当于四五岁的小孩子。因此，阿迪的懂事乖巧通人性，是全家人意料之中的事，甚至比我们对它的预期做得更好。阿迪的到来，给奶奶家增添了太多的欢乐，从此，家人在一起聊天，聊着聊着就变成了阿迪的表扬大会。

我相信不光是我们家，在每个养有狗狗的家庭，狗狗肯定都是家里的开心果。可就是这个开心果，刚刚遇到了它的第一道坎儿，因而变得不再开心。

说到阿迪狗生的尴尬期，不如先说说我人生的尴尬期。妈妈的头发一直不太好，因此从我出生开始，一直想办法让我的头发不再像她的一样又软又少。不知是从哪儿听来的方子，说孩子出生后多剃几次光头，剃完后在头上抹生姜汁，有助于发质的改善和提升。于是，抱着试一试的心态，爸爸妈妈在我身上进行了试验，并且真的动用了爸爸的剃须刀！

这招儿真的有效果，我的头发至今浓密无比。不过，在当时，一个女孩子长期顶着光头的“尴尬”也是真真切切的，以至于我都两三岁了，明明穿着裙子出去，还有叔叔阿姨问我是男孩还是女孩。

这不，阿迪现在就进入了和我当时一样的尴尬期。为了让阿迪以后的毛发更浓密更漂亮，在它四个月的时候，被带到宠物店剃了胎毛。阿迪原来毛茸茸圆滚滚的身子，仿佛一下子被脱光了外衣，变得瘦瘦小小，甚至能看到它粉嫩粉嫩的皮肤。那天，应该算是阿迪狗生的转折点。

阿迪这么聪明的狗狗，一定也感受到了自己的变化，它的性格开始变得内向、害羞。原来吃饭时始终在家人脚下轮番打转转的它，现在却喜欢长时间地待在窗帘后面，让落地窗帘把它遮盖得严严实实，这是以前从未出现过的情形，或者是窗帘给了它些许的安全感吧。

看到性情大变的阿迪，爷爷奶奶不知所措，既心疼又担心。有一天晚上，为了安抚阿迪捉摸不定的情绪，奶奶一直守在它的身边陪它聊天，喂它狗粮吃，给它酸奶喝，还给它添加了羊奶粉、钙片、卵磷脂……夜已深，早就过了奶奶该休息的时间，她仍不忍心离开。那些日子，奶奶把自己熬得心力交瘁，到我周末回去时，见她的气色相比以前明显差了许多。

了解到阿迪的变化，在学校的我也特别担心，担心阿迪会不会从此患上抑郁症。可我鞭长莫及，干着急，只盼着周末早一点到来，好飞奔回家，好好地抱一抱阿迪，告诉它：不管你变成什么样子，姐姐都一样爱你！再喊一遍小超哥哥原创的口号——阿迪阿迪，天下无敌！

如今我知道了，尴尬期是每个狗狗成长中必然要经历的阶段。这期间，狗狗会有情绪的波动、性格的变化，都是正常现象。只要主人不嫌弃它、耐心地陪伴它，随着狗狗的毛发一点点长起来，那些心理的阴影就会慢慢消散。阿迪后来的经历证明，此言极是。

无论是人，还是狗，成长路上多多少少都要遭遇那么几段尴尬期。当时的你，也许会感到难堪、感到无助、感到羞于见人，但我们总说触底反弹，只要咬牙度过那段“不堪回首”的尴尬时光，终会在最美的远方，遇见最美的自己。

天台上
种了一棵石榴树

我的乳名叫石榴，因为我们家的幸运数字是16，“石榴”恰是“16”的谐音。在我们家，所有跟石榴相关的物件都被自动赋予了特别的意义；而石榴树呢，也毫无疑问成了我们家的幸运树。

芒种时节，奶奶家的天台上，终于种上了一棵石榴树。之所以用“终于”，是因为这棵树家里本是不想种的——与其说是“不想”，倒不如说是“不敢”。

种树这事儿，还要从很多年前说起。

在小学四年级时，我们一家从爸爸妈妈结婚时住的房子搬进了新家。房子是高层，客厅外的阳台很大，爸爸妈妈决定在阳台上种一棵石榴树——似乎我们家就该种石榴树的。

在全家人的想象中，这棵石榴树会在阳台上生根、发芽、开花、结果，春天时绿油油的叶子映满整个窗户，假如长得好，兴许还能结几个小石榴呢。这样，我们就是真正地生活在石榴树下——如同我们家庭博客的名字一般。

俗话说：“理想很丰满，现实很骨感。”这棵石榴树只过了一个冬天，就死了。直到现在，它还在阳台上，一年四季都是干枯的树枝，我几乎没见过它开花结果的样子。

奶奶家搬到大北区，也有了一个很大的露台，上面还特意辟了一片小菜园。记得第一次回奶奶的新家，我就问爸爸：“为什么不在露台上种棵石榴树呀？”

“咱家阳台上的石榴树就没养好，再种一棵，假如还是同样的结局，多不好……”

"那有什么呢？咱家不是从来都不信这个吗？"

"你可能觉得没什么，但在爷爷奶奶看来，自家种的石榴树总是不能成活，终归会让人心里有阴影的。"

尽管我们家没人迷信，但在这件事情上，长辈们看来是太看重了。因此，在搬家后的几个月里，露台上陆陆续续种了桂树、香椿，还有无花果，唯独不见石榴树的身影。

也许是奶奶家的楼层要低一些，因此更接地气儿；也许是小菜园有着丰沃的土壤，听爸爸说光买土就花了一千多；也许是天公作美，给了植物们最舒适的热度与湿度，露台上的花花草草，都生机勃勃地生长着：爬山虎已经在那辆自行车后面挂上了绿瀑，荆芥掐下来就直接可以放到面条里调味，桂树下的格桑、月季和金银花，也你不让我我不让你地争奇斗艳。

看到此番场景，始终有着石榴情结的老爸终于心动了，决定再种一棵石榴树。爸爸把小树苗种在了菜园最中间的位置，奶奶又给它系上了我上小学时的红领巾，祈愿这小树能像我一样健康地成长。

露台上多了棵石榴树，带来的不仅仅是生命力，还给奶奶家赋予了一些诗意。如今，爸爸笔下多次出现的石榴树，就种在了自家的露台上，与之做伴的，还有那辆充满回忆的自行车。这来自质朴生活的诗意，更有打动人心的力量。

上次回奶奶家，发现种时还光秃秃的石榴树已经长出不少鲜嫩的叶子，奶奶站在树前，用不太好的眼神久久地抚摸着它。她一定跟我一样在期待，期待着这小树快快长大，期待它早日开花，期待它早日结出小石榴。

特意在网上搜索了一下石榴树的花期，是5月到6月。6月？似乎是下意识的反应，下一个石榴花开的时节，不正是我高中毕业的时候吗？

而下下个夏季、下下下个夏季，应该都是我大学放暑假的日子，也是我迫不及待想回家、想回奶奶家的日子。想必每一次回到奶奶家，这棵石榴树都会枝干长大一圈、花果丰盛一筹吧。

多好啊，有了这棵石榴树，我对奶奶家又多了一份眷恋和牵挂。

达达
imdada.cn

最爱这人间烟火

仿佛是到了《奶奶家》全部写完那一刻，我才意识到，“人间烟火”的第一个字是“人”。

我的文章中总是喜欢用“烟火气”“人间烟火”一类的词语；不过，我的摄影作品中，人——显然太少太少。“人间烟火”是人创造的，没了人，哪来的“人间”这一说？又怎会出现“烟火”？

搬到大北区的奶奶家后，很久没回过顺河路了。为补拍一些画面，前阵子和老爸重走那条路。老爸帮我背着摄影包和三脚架，我拿着新添置的相机，走过熟悉的街道，而我的注意力，则在不经意间，从景挪到了人身上。我看到金水河畔零零散散打麻将的人群，看到步履蹒跚行走艰难的老人，看到坐在大卡车上卖瓜的少年，也看到牙牙学语踉跄学步的“小不点儿”……处处生动，处处鲜活，处处是我期望看到的“烟火气”。

我欣慰，为我的镜头，和镜头后的眼睛，还有心。

写下这些文字时，正值高中的最后一个暑假，我一个人在北京参加专业培训。回想这一年的时光，感慨颇多。静静地躺在自己的小床上，脑子里像过电影一样不停地闪回，想到在高二紧张的学习中，挤时间写文章的窘迫；想到冒着大热天在顺河路拍照，突然中暑时的天旋地转；想到因为这本书，与老爸大大小小已经数不清的争吵，不对，准确地说是挨吵……

曾经有太多个和爸爸约好要交稿的夜晚，我却呆呆地对着手机屏幕，一个字也憋不出来。也曾无数次想过：要不就算了吧，这50多篇文章要写到什么时候才是个尽头？

学校一般是晚上10点下晚自习，回到宿舍洗洗漱漱，差不多就到了该上床睡觉的时间。因此，书中的这些文字，有很多都是在身边同学都睡下之后我摸黑完成的。现在想想也觉得挺神奇，无论白天在学校上课的自己有多困、过得有多糙；可当夜幕降临，细腻的情感也随之而来，虽然我的这种情感，有时自己都觉得过于矫情。也许只是不想让自己留下遗憾，我以连自己都意想不到的坚持，完成了《奶奶家》的创作。

终于，在我即将开始高三生活的时候，这 切的一切，都将告一段落。

这些日子一直在整理《奶奶家》要用到的照片，时不时发出些感叹：当时拍的都是什么东西！要构图没构图，要角度没角度，iso值竟然开到12800，噪点多得根本没法看！但也正是因为有这种感叹，这本书才显得弥足珍贵，它真实地记录着我逐渐成长的过程。

整整一年的时光，一周一篇的节奏，朝着一本书的方向，我积累着，我成长着，我收获着，我思考着——在观察生活方面，在写作能力方面，在摄影知识方面，在其他很多方面。

在这里，我要感谢这本书背后的人。

首先，要感谢我的爷爷奶奶，是他们为我提供了最生动、最鲜活的创作素材。当写到爷爷奶奶年轻时的经历，他们会特别专注地给我讲故事，甚至提前做一些准备。在跟爷爷奶奶通电话时，他们爱说：特别骄傲看到孙女这样的蜕变和成长。其实我想说的是：有你们这样超级热爱生活、从不落伍于时代的爷爷奶奶，才是我最大的骄傲。

当然，还要感谢我的爸爸妈妈，始终相信我、鼓励我、陪伴我。尤其是老爸，正是因为他一直不断的软硬兼施的激励、一次又一次的“夺命催稿”、一通又一通在我毫无灵感时打来的“救命电话”，才让我有写下去、拍下去的动力和信心。后来老爸也曾坦言，他也有很多次犹豫，想着“要不就算了吧”——跟我曾经的心态如出一辙！好在，我们都坚持了下来。

特别要感谢为这本书费心设计的余侠阿姨。说实话，在写文章和拍照片时，我几乎都不敢想这本《奶奶家》会是个什么样子。待到看校样时，我的心里一阵激动——这不正是我想要的样子吗？

最后，要感谢海燕出版社的编辑老师。正是由于你们的精心策划，才在成功出版《爸爸哪儿也不去》之后，又促成了其亲子篇《奶奶家》的面世。爸爸的《爸爸哪儿也不去》，用一年的时间为我准备了最珍贵的16岁生日礼物；而我的《奶奶家》，则同样用了一年的时间，跟一座老房子和一段光阴的故事告别。

一座再好的房子，也难免会随着光阴慢慢老去，甚至消失。

但我们对它的爱，我们之间的爱，还有我们都爱的人间烟火，永远不会。

刘晓寒

2018年8月